On the Copyright Ecosystem of Works of Journalism

新闻作品版权生态体系研究

叶文芳 著

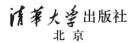
北京

版权所有，侵权必究。举报：010-62782989，beiqinquan@tup.tsinghua.edu.cn。

图书在版编目（CIP）数据

新闻作品版权生态体系研究 / 叶文芳著 . -- 北京：清华大学出版社, 2025. 4. -- ISBN 978-7-302-69153-2

Ⅰ . D923.414

中国国家版本馆 CIP 数据核字第 2025FQ9924 号

责任编辑： 纪海虹
封面设计： 傅瑞学
责任校对： 王荣静
责任印制： 丛怀宇

出版发行：清华大学出版社
网　　址：https://www.tup.com.cn，https://www.wqxuetang.com
地　　址：北京清华大学学研大厦 A 座　　邮　编：100084
社总机：010-83470000　　邮　购：010-62786544
投稿与读者服务：010-62776969, c-service@tup.tsinghua.edu.cn
质 量 反 馈：010-62772015, zhiliang@tup.tsinghua.edu.cn
印 装 者：北京瑞禾彩色印刷有限公司
经　　销：全国新华书店
开　　本：165mm×238mm　　印 张：11.25　　字 数：150 千字
版　　次：2025 年 4 月第 1 版　　印 次：2025 年 4 月第 1 次印刷
定　　价：68.00 元

产品编号：102754-01

前言

在以传统媒体为主导的新闻作品的传播时代，各国新闻版权法律规范和相关的国际公约相对有效地对新闻创作、新闻传播、新闻转载等问题进行了规制，使得新闻传媒业得以健康发展。然而，20世纪末互联网技术的出现打破了传统新闻作品的传播格局，传统新闻生产的线性经济形态被无边界的网络生态经济所取代，传统媒体失去了新闻生产者和传播者的中心位置，而互联网商业媒体平台成了新闻传播的主力军，新闻传媒产业面临利益分配上的严重失衡。传统媒体被迫求存求变。然而，正当传统媒体积极适应互联网时，人工智能、大数据、5G等新技术又相继进入新闻传媒领域，新闻作品的生产主体、表达形式、传播渠道以及公众获取新闻的方式都发生了巨大的变化，呈现出新闻生产去中心化、新闻传播方式多元化、新闻接收场景化等发展趋势。这种情况下，传统的版权法律制度已经不再能够适应新媒体的发展，传统媒体在与互联网商业传播平台的竞争中，仅以新闻作品版权强保护的方式对互联网商业传播平台施压，很难实现网络环境下的新闻传播业的经济结构平衡发展。传统媒体必须改变思维模式，建立互联网思维和平台思维，在变化中求发展，在生态发展中寻求新的平衡点，充分挖掘和实现新闻作品的版权价值，重塑健康的新闻作品版权生态。

本著作注重研究的理论基础性。以史论结合的方法论证新闻作品版权生态体系建构的三个逻辑基础问题：一是从版权理论的"思想与表达二分法"、马克思劳动价值理论以及法哲学思想中的资源配置理论，辨析新闻作品版权保护的正当性；二是从对新闻作品版权保护思想的历史溯源的角度，论证不同国家立法以及国际版权公约对新闻或新闻作品版权的保护范式；三是将利益平衡原则、法律与技术互动原则、生态发展原则和系统理念原则的主旨要义，作为新闻作品版权生态体系构建的价值目标和路径指导。

本著作强调研究的方法创新性。以"生态"的基本概念为出发点，对"版权生态"的概念做出符合社会技术发展理念的界定；以布朗芬布伦纳的生态系统理论为参照，将版权生态体系划分为外部层、中间层及核心层（内部层），强调生态体系内各层级要素之间相互影响、相互制约，外部层要素通过中间关系层作用于核心层各要素；以版权生态体系层级关系为基础，构建新闻作品版权生态体系，将版权法律制度、技术革新、产业结构和新闻体制四个要素纳入新闻作品版权生态体系的外部层，将新闻作品的版权主体、使用者、版权许可模式以及版权传播方式四个要素归入核心层，外部层通过中间层对核心层产生影响。

本著作强调研究的问题前沿性。以新闻作品版权生态体系为框架对中国新闻作品版权生态各要素和要素间关系进行分析，发现中国新闻作品版权生态存在的多种发展桎梏，并结合中国目前的新闻体制、新闻立法、互联网技术发展等前沿领域的问题对新闻作品共生共融的生态体系进行构建。强调传统媒体与互联网商业媒体平台应当变对立为合作，做到在渠道、内容、运营模式方面的融合发展。而新闻作品版权是连接传统媒体和互联网商业媒体的有效方式，应当变版权强保护为多元许可模式，共生共融，打造良性发展的新闻作品版权生态。

本著作在写作过程中，参考了许多专家、学者和互联网上未署名作者的相关研究成果，吸收了许多观点，在此致以诚挚的谢意。

由于时间、精力和水平有限，著作中难免有不妥之处，欢迎广大读者批评指正。

作者 叶文芳

2024 年 3 月

目 录

第 1 章 绪论   1

  1.1 研究背景与价值   1
      1.1.1 研究背景   1
      1.1.2 研究价值   2
  1.2 文献综述   4
      1.2.1 版权生态的研究   4
      1.2.2 新闻作品版权法律研究   6
      1.2.3 新闻作品版权保护对策   10
  1.3 研究问题及创新点   13
      1.3.1 研究问题   13
      1.3.2 基本概念   15
      1.3.3 创新点   16
  1.4 研究方法   16
      1.4.1 案例分析法   17
      1.4.2 比较研究法   17
      1.4.3 定量分析法   18
      1.4.4 深度访谈法   18

第 2 章 新闻作品版权生态体系构建的逻辑基础   19

  2.1 新闻作品版权保护的正当性   19

　　　　2.1.1　思想表达二分法与新闻作品版权保护的
　　　　　　　正当性　　　　　　　　　　　　　　　20
　　　　2.1.2　马克思劳动价值理论的新闻作品版权
　　　　　　　正当性辨析　　　　　　　　　　　　24
　　　　2.1.3　新闻作品版权正当性的法哲学思考　　26
　2.2　新闻作品版权保护制度的演变之路　　　　　　28
　　　　2.2.1　近代新闻作品版权保护的思想溯源　　28
　　　　2.2.2　新闻作品版权保护的历史脉络　　　　30
　　　　2.2.3　互联网环境下新闻作品版权保护
　　　　　　　制度的失灵　　　　　　　　　　　　37
　　　　2.2.4　互联网环境下新闻作品版权保护的
　　　　　　　国外路径　　　　　　　　　　　　　39
　2.3　新闻作品版权生态体系构建的原则　　　　　　44
　　　　2.3.1　利益平衡原则　　　　　　　　　　　44
　　　　2.3.2　技术与法律制度良性互动原则　　　　46
　　　　2.3.3　生态发展原则　　　　　　　　　　　47
　　　　2.3.4　系统观念原则　　　　　　　　　　　49

第 3 章　新闻作品的版权生态体系及其要素　　51

　3.1　版权生态体系的内涵与特征　　　　　　　　　51
　　　　3.1.1　版权生态与版权生态体系的内涵　　　52
　　　　3.1.2　版权生态体系的构成特征　　　　　　55
　3.2　新闻作品版权生态体系的构成　　　　　　　　56
　　　　3.2.1　外部层：体制与产业等方面的宏观考察　59
　　　　3.2.2　中间层：层级关系的中观辨析　　　　61
　　　　3.2.3　核心层：主体与使用者等方面的微观透视　62

3.3 新闻作品版权生态体系及其要素 63
　　3.3.1 新闻作品版权生态体系的外部层要素构成 63
　　3.3.2 新闻作品版权生态体系的核心层要素构成 73

第 4 章　中国新闻作品版权生态的问题分析　80

4.1 中国新闻作品版权生态外部层问题分析 80
　　4.1.1 中国新闻作品的版权规制 81
　　4.1.2 中国新闻体制下的新闻内容监管与限制 92
　　4.1.3 中国新闻传媒产业结构 97
　　4.1.4 中国新闻传媒业的新技术应用 105
4.2 中国新闻作品版权生态中间层问题分析 109
4.3 中国新闻作品版权生态核心层问题分析 110
　　4.3.1 新闻作品的版权主体 112
　　4.3.2 新闻作品的传播方式 118
　　4.3.3 新闻作品的版权用户 121
　　4.3.4 新闻作品的版权许可模式 123

第 5 章　中国共生共融的新闻作品版权生态的构建　128

5.1 新闻作品版权生态外部层的顶层设计 129
　　5.1.1 明晰的新闻作品版权保护法律边界 129
　　5.1.2 技术赋能下的新闻作品版权保护 134
　　5.1.3 多元的新闻作品版权治理格局 137
5.2 新闻作品版权生态核心层的路径规划 143
　　5.2.1 全媒体传播格局的建设 144
　　5.2.2 版权共享主体的扩展 146
　　5.2.3 新闻作品法定许可的延伸及限制 149

结语 **158**

参考文献 **162**
  一、中文文献   162
  二、外文文献   168

图表索引

图 1　新闻作品版权保护的正当性　24
图 2　聚法网 2015—2023 年有关新闻侵权的司法判例数量变化表　38
图 3　利益平衡机制下的现代传播模式　46
图 4　新闻作品版权生态体系建构图　58
图 5　新闻传媒领域的产业发展变迁　68
图 6　新闻传媒领域的数字化技术应用　73
图 7　传统新闻单位"设计＋生产＋销售"型的经营模式　77
图 8　2024 年短视频用户新闻内容获取来源分布　99
图 9　2024 年上半年新闻资讯行业月均活跃用户数　103
图 10　传媒产业从内容到用户的格局变化　111
图 11　今日头条 2024 年 12 月 13 日 10 点至 17 点新闻资讯账号（发文量≥3 条）占比情况　125
图 12　2017—2024 年新闻作品侵权案中有无禁止转载声明的数量对比　132
图 13　中国时事性文章立法完善的建议　134

表 1　新闻作品版权生态体系与布朗芬布伦纳的生态系统的要素比较　57
表 2　两大法系关于新闻的版权立法制度　67
表 3　中国关于"单纯事实消息"的立法路径　83
表 4　中国对时事性文章的立法路径　85

表 5	中国司法判例中对"时事性文章"的界定	87
表 6	中国对报刊法定许可的立法路径	89
表 7	今日头条作者鼓励和扶植战略计划	101
表 8	司法判决中对时事新闻（单纯事实消息）的界定	131
表 9	新闻作品法定许可+共享限制模式	154

第 1 章　绪论

1.1　研究背景与价值

1.1.1　研究背景

人类的新闻活动史、新闻实践史表明，新闻来源于事实，新闻是人们通过认识活动，运用一定符号系统或符号方式对事实的反映和呈现（杨保军，2019）。而版权（即著作权）[①] 保护的是作者运用符号系统或符号方式对思想及事实有创新性的表达，以鼓励作品的创作与传播。长达 300 多年的版权法历经了印刷传播时代、电子传播时代和网络传播时代，但其核心内容是围绕以印刷术为代表的传统媒介在信息生产和传播过程中的权利主体和客体的法律规范。随着移动互联网的普及，我国传统媒体和互联网媒体在内容生产和传播过程中面临着矛盾。其具体表现为科学技术飞速发展带来的新创作与版权法适用之间的矛盾，以及中国新闻体制下传统媒体和

[①]《中华人民共和国著作权法》第 62 条规定：本法所称的著作权即版权。本文基本采用版权的词汇表述，但是涉及相关法律法规内容时，偶尔有著作权的使用。

互联网商业媒体平台对新闻作品的版权资产的归属、使用和配置之间的矛盾。诞生于印刷时代的《中华人民共和国著作权法》（以下简称《著作权法》）无法有效适用和解释快速发展的新闻生产与呈现方式，导致新闻和新闻作品的版权保护边界不清晰，以及新闻作品互联网付费转载的运营机制无法有效运转。同时，国家对传统媒体新闻采访权的保护使得时政类新闻作品的报道相对集中，互联网商业媒体平台非时政内容海量呈现，新闻作品的版权链呈单向性，尽管授权规模巨大，但因其分散性强，导致版权经济权利难以全面实现。因此，中国新闻媒体行业亟须相对明晰的版权财产权立法，为资源配置和利益分配提供法律框架，在多元的新闻版权主体、新闻版权客体之间形成良好的市场环境，充分利用版权的交互性（如数字版权流转）、动态性、延展性等特征，构建多方协同的版权生态圈。

1.1.2　研究价值

1. 研究的理论价值

1）为新闻内容研究提供新视角

在理论新闻学的研究中，新闻与事实的关系问题是新闻研究的本质问题，人与新闻的关系是新闻理论研究中的引领性问题（杨保军，2019），长期以来，新闻选择、新闻属性、新闻主体和新闻受众等方面的研究构成了新闻学研究的主要内容，这些研究大多以新闻传播学的基本范式展开，而本文以版权法律理论的视角去解析"新闻事实"与"新闻表达"的辩证关系，将新闻理论中的"人与新闻"的关系纳入版权法律体系中的"版权主体和版权客体"研究框架内，将理论新闻学中的新闻类别与版权法律体系中的"单纯事实消息""时事性文章""新闻作品"进行对接,分析版权法律规制对不同新闻事实的"新闻表达"的版权保护与限制等法律问题的立法正当性,为理论新闻学的新闻内容研究提供新视角。

2)为作品版权保护研究提供新框架

版权理论体系中对作品的保护规制一般都是为了适应新技术、新发展对某一作品作出保护或不保护的法律规定,并对其权利属性、权利行使等方面加以明确,但是由于新闻作品的特殊属性,加上作品传播方式存在多元化趋势,很难对其作出绝对的"保护"或"不保护"的立法结论。本文引入生态发展理念,以生态系统为研究框架,将新闻体制、法律制度、技术革新、产业结构等直接影响新闻作品的版权主体和版权使用者经版权许可产生的权利义务关系等因素纳入一个有机的、相互影响、相互制约的生态体系中,以此构建新闻作品的版权生态圈,为版权保护的研究提供了新的研究思路。

2. 研究的应用价值

互联网技术打破了不同媒体、不同产业的界限,媒体融合大势所趋。然而,媒体融合不是一蹴而就的实践,要坚持一体化的发展方向。长期以来,主流媒体担负着重要的政治使命,而商业平台在新闻等公共性信息分发之外,不断扩展通信、社交、电商、本地服务等多种社会功能。传统媒体与商业平台在内容的生产、分发上应长期共存,这是中国互联网生态的重要组成部分(宋建武,2019)。本文以不同媒体形态的新闻作品版权属性为基础,探讨其分发过程中的新的许可授权方式,不把版权局限在静态的法律层面,而是将它视为交互的、生长的动态对象,研究其在交互过程中与其他媒介要素、产业环境、经济要素之间的关系,为媒介深度融合发展在内容层面上提出相关建议,为传统媒体在推进媒体融合发展过程中找到新的结合点,为全媒体的发展构建新的实践路径。

1.2 文献综述

目前,新闻传播学和法学领域以"版权生态"为切入点的相关研究不多,大多是沿着版权权利客体、版权侵权及维权的维度展开。法学领域多见于时事新闻、时事性文章、新闻作品的著作权保护理论和保护边界的研究,传统媒体和互联网商业媒体平台的冲突问题研究分散地体现在新闻聚合平台或新闻网站对新闻作品的深度链接、未经授权的新闻侵权行为的责任认定,以及新闻作品版权保护的对策性研究三个主要层面。

在知网上以"新闻媒体""新闻作品""著作权""版权"为关键词,搜索出相关作品285篇。这些研究文献主要集中在新闻作品的概念、法人作品的性质、保护方式、报刊的转载、摘编法定许可的适用范围,以及针对聚合平台对传统新闻出版单位所带来的冲击、新闻聚合媒体转码缓存、设置链接、屏蔽广告的著作权侵权和不正当竞争行为的判定等方面。

1.2.1 版权生态的研究

中南财经政法大学知识产权研究中心研究员宋慧献于2006年提出版权生态论并搭建了版权生态的理论体系(宋慧献,2006),但是其后少有研究沿着版权生态理论体系和模型的脉络去发展,直到2015

年北京印刷学院教授王亮在宋慧献的理论体系基础上提出"移动版权生态链"的概念,将"版权生态链"置入移动互联网的语境下,强调版权延展过程中的各种因素之间是相互制约或者相互促进的一种关系,并且把"版权生态链"划分为"版权制度生态链"和"版权产业生态链"两个层面(王亮,2015)。"版权制度生态链"是从制度发生学的视角分析版权生态,指版权制度的产生和发展过程中各种因素之间的关系;"版权产业生态链"是从互联网产业发展的视角去优化处理版权生态链,指在移动互联网产业的发展过程中因版权的产生和利用而发生的各种社会关系(王亮,2015)。

近年的媒介领域和版权领域,虽有版权生态的相关论文,但是大多集中在实务操作层面,以具体版权客体的版权侵权、维权以及运营问题为主。如《网络文学作家版权生态》一文论述了网络文学作家的权利客体和维权困境,强调其版权生态环境恶劣(王志刚,2017);《知识付费行业良性版权生态的构建》只是标题用到了"版权生态"一词,内容则侧重于版权变现和版权运营(张麒麟,2018);田小军在《网络视频版权生态维系与多元治理的立体维权》中认为,中国网络视频产业已经形成了完善的网络视频版权生态,参与网络视频版权生态的主体较多,但是各司其职,如投资方负责投资、制作方负责影视作品的制作、播出平台负责网络渠道等(田小军,2014)。这篇文章涉及了网络视频版权生态的多方主体及其市场关系,但是研究缺少总体的版权生态构成维度。

1.2.2 新闻作品版权法律研究

1. 关于时事新闻、时事性文章和新闻作品的辨析

2010 年的《中华人民共和国著作权法》法律体系下的新闻分为时事新闻、已经发表的关于政治、经济、宗教问题的时事性文章，以及除上述内容外的新闻作品。其中，时事新闻不受《著作权法》保护。时事性文章属于合理使用的范畴，只有新闻作品才受著作权的保护。之所以对时事新闻、时事性文章以及新闻作品给予不同的保护方式，是因为新闻作品特殊的事实性是客观存在的，所以新闻事实是一种特殊的、无形的社会公共资源，并非版权法所保护的版权客体，不能被也不应该被任何人专有使用或者进行排他性的使用。在美国著名的"米勒与环球城市制片公司"的司法判例中，法官认为，事实不是来源于叙述事实的作者，也不是来源于事实的发现者；事实的发现者只是发现了事实，而不能主张该事实由他"原创"（叶晓川，2012）。通常来说，新闻包括"时间""地点""事件""原因""人物"五项基本要素（简称"五W要素"），新闻发现者或新闻采写记者在向公众转述或者报道新闻事件时，通常会按照类似的排列组合顺序去安排上述五个要素，由于选择空间的局限性，所以新闻转述或报道的差异不大，很难像其他的版权作品那样呈现出具有独创性的表达，因此对新闻事件的客观描述不能视为版权保护的客体。相反，如果将对新闻事件的客观描述纳入作品范畴，就意味着首次报道者享有对该客观事实报道的专有权，其他人如果想要报道或传播同样的一个事实，均须得到第一位报道者的授权（张帆，卫学莉，2016），这样不利于社会信息，尤其是社会重大信息的传播，会严重损害社会公民的知情权。

但是，在新闻业发展成熟后，单纯的事实消息或新闻非常少见。因为任何新闻都是报道者依据自己的价值观对客观事实的认识与表达，都经历了"客观事实"—"主观认知"—"新闻表达"这一过程，这也是新闻专业主义的坚守和体现，新闻报道者在新闻报道过程中坚守新闻的真实性，尽量减少主体价值观、是非观、情绪等因素对新闻真实性的影响，避免在新闻中融入报道者的态度或者倾向（杜鹃，2012）。但是，大多数新闻报道是包括报道者对新闻事件的个人评述的，这种评述脱离了新闻事实本身，就可以受到版权法的保护。尤其是一些综合性、系列性的新闻报道，报道者首先需要通过自己的价值判断去挖掘具有新闻价值的线索，然后依据新闻线索进行一系列的走访、调查，判断新闻内容，整合新闻作品，给受众呈现出全面的、立体的新闻内容，这种情况下，对新闻的表达就具有包含报道者智力成果的创造性劳动，符合版权作品的要求，可以受到版权法的保护。有时，尽管是对同一客观的新闻事件进行报道，由于报道者选择的角度不同，其新闻作品也会在体裁、形式、侧重点等方面千差万别，所以，新闻作品类型多样，其独创性也各有特征，有学者将新闻独创性纳入符号学、语言学、叙述学等学科体系去考察，还有学者按照新闻的体裁和表现形式等特征，将具有独创性的新闻原创作品分成现场新闻或者现场直播新闻、记录性新闻、调查性新闻、新闻通信、解释性新闻报道、新闻记录电影、新闻汇编作品、新闻演绎作品和新闻专业论文九种类型，分别从每种类型的新闻特征分析其新闻作品的可版权性（翟真，2013），所以对新闻作品进行保护还是有其正当性和合理性的。

2. 新闻作品的版权侵权模式

20 世纪 90 年代末期，商业网站或者新闻聚合平台就已经开始对传统媒体的新闻作品进行直接搬运或者未经授权的转载，但是由于其影响力有限，大部分的受众和广告仍停留在传统媒体上，所以传统媒体并没有重视新闻网站和新闻聚合平台的搬运行为。但是到了21世纪初，新闻聚合平台快速发展，迅速融资，仅仅凭借计算机技术的方法，打着"新闻搬运工"的旗号抢占了很多传统媒体的盈利空间。传统媒体面临受众的流失和盈利的下滑，开始关注互联网媒体及未经授权的网络转载行为，传统媒体和互联网媒体的新闻作品版权纠纷与版权诉讼从此拉开序幕。可以说，从中国1990年《著作权法》的出台，到2021年的大规模互联网平台和自媒体的快速增长，伴随着新闻作品的版权纠纷不断发生变化。从改革开放到2005年，传统媒体很少提及新闻作品的版权保护和侵权问题；2005年后，传统媒体开始具有危机意识并且选择维权，传统媒体与新媒体间关于著作权的博弈不断；2011年到现在，新闻作品版权纠纷层出不穷，侵权类型和手段也愈发复杂（王辉，2019）。

从侵权方式看，"深度链接""网页快照""二次加工"等行为层出不穷，还有的互联网新闻平台通过"加框链接"的方式屏蔽新闻作品来源网站的广告，将网站广告内容进行加载，从而获得广告盈利。经过这些隐蔽的侵权操作后，传统媒体的收益巨幅下滑，但却给新闻网站提供了大量的原创新闻内容（朱鸿军，蒲晓，2017）。

3. 搜索引擎与深度链接的侵权定性

所谓的搜索引擎是指网站用户通过搜索引擎获取的新闻内容来源于第三方网页，搜索引擎提供的只是新闻的网络链接，属于网络服务，并没有直接复制第三方网站的新闻内容，不属于提供行为，因此，追溯版权法律对复制内容的解释，谷歌、百度等搜索引擎只是网络服务提供商，提供新闻搜索链接服务，而不是网络内容服务商，不构成版权法理上的复制行为，也就无须征得新闻作品版权方的授权许可，也不需要支付相应的版权费用（余小林，2019）。同理，中国司法实践没有将搜索引擎服务纳入信息网络传播权的范围内。

与搜索引擎不同，深度链接是通过技术手段直接"绕过"新闻来源网站的首页，将新闻内容直接链接到自己的网站页面。因为深度链接行为非常隐蔽很难发现，权利人举证困难，所以，深度链接成了侵权网站的常用方式，导致版权纠纷越来越多。在司法判例中，由于提供链接者已经能够实现将新闻内容直接呈现在自己的网页上，并提供给用户，属于典型的内容提供行为，而不是网络服务行为，通常被认定为直接侵权，应承担直接侵权责任（朱巍，2017）。

4. 新闻聚合平台避风港原则的抗辩

当设置新闻深度链接的聚合平台或者新闻网站被提起质疑或诉讼后，它们会引用"避风港原则"为自己的行为进行抗辩，强调其只是提供了网络服务行为，仅对第三方网站的新闻作品设置了链接，并没有提供新闻作品本身，而且在权利人提出质疑后，便断开了相应的链接，但其本质与网络服务提供者是有很大区别的（林爱珺，2017）。例如，在多起今日头条涉案的新闻版权诉讼中，今日头条总是以"避风港原则"为自己抗辩，躲进"搜索引擎"的保护伞下，以逃避侵权责任。事实上，今日头条对第三方新闻网站的内容进行了二次加工或者内容优化，并增设了相关阅读链接、新闻评论、用户点赞、用户转发等功能，通过大数据编排，形成了自己专业的页面，并且将"转载"的新闻内容储存在自己的服务器或者页面上，这样的行为方式与谷歌、百度等搜索引擎的区别还是很大的（王迁，2009），不能适用"避风港原则"。

通常来说，"避风港原则"的抗辩只有在下述网络链接的情况下才适用，即在第三方网站有用户上传了未经授权的版权作品，而网络服务提供商对上传的作品提供了链接服务，导致当其他用户点击该网站链接后，页面跳转到其第三方网站，在这种情形下，网络链接为传播侵权作品仅提供了帮助，不构成直接侵权行为，可以采用"避风港原则"进行抗辩。但是在今日头条的诉讼中，其无法举证是由他人将传统新闻网站上的作品上传到第三方网站的，而它只提供了链接服务，因此它应当承担直接侵权责任，而不能适用"避风港原则"。传统媒体一致主张和诉讼的今日头条是新闻的搬运工，直接链接了自己网站上的新闻和新闻作品，这种行为方式属于典型的新闻版权侵权行为；而今日头条主张的这种链接设置行为是为了促进新闻作品的互联网传播，是没有理论依据和理论支撑的（王迁，2014）。

1.2.3 新闻作品版权保护对策

1. 认定时事新闻的可版权性

"时事新闻"能否受到版权法律规制的保护，一直是新闻界和法律界争议最大的问题。在《伯尔尼公约》和大部分国家的立法里，都不对"日常新闻""单纯事实消息"进行版权立法的保护，但是中国有学者认为，即使是"单纯事实消息"，也需要新闻记者的采访工作。新闻记者首先要花费一定的时间成本、劳动成本才能在层出不穷的、多元化的社会事件中按照新闻事实的重要性、影响性、公众关注度，以及时效性等新闻要素对新闻进行筛选、编辑加工，然后形成新闻报道；即使是最简单的新闻消息，也是包含了新闻从业人员的"独创性劳动"的，因此应当受到版权法律的保护。而中国的版权立法将"单纯事实消息"纳入不受版权法律保护的客体中，不利于激发新闻从业者的新闻报道热情，而且，所谓"单纯事实消息"并不是新闻理论中的专业语言和专业表述，此概念不符合新闻行业的实践（黄玲，杨少明，2018）。

2. 对新闻开展分类化保护

德国、日本等大陆法系国家按照新闻体裁的不同，或者按照新闻创新性的高低对新闻作品采取"分类保护"制度。中国的新闻立法也是受到大陆法系国家新闻立法的影响，把新闻分为了"不受版权法保护的单纯事实消息""可以进行合理使用的时事性文章""享有完整版权的新闻作品"三大类别，这种分类方法会造成新闻行业和司法实践中边界不清的困境，所以中国也可以按照新闻作品的独创性高低原则对新闻作品进行版权保护。例如，独创性比较高的新闻类的摄影作品、新闻美术作品以及新闻电影作品等可以和其他版权作品一样，享有完整的版权保护，而对一些独创性比较低的新闻报道，可以考虑适当限制其版权保护内容。

还有的学者非常关注"新闻标题"的可版权性问题，建议也按照独创性标准将新闻标题分为"有独创性的新闻标题"和"普通标题"两种不同的种类，对于"有独创性的新闻标题"，经常和"独创性较高"的新闻作品密切相连，所以可以给予版权法的保护。而独创性不高的"普通标题"，尽管也包含了作者的智力劳动成果，但是因其"创新性"不强，不予以版权法的保护（德利娅·利普希克，2000）。同样，在司法判例中，关于"新闻标题"的可版权性，不同的国家也给出了不同的司法判决结果。如在对独创性要求不高的英国，其巡回法院在审理 Meltwater 案中，认为"新闻标题"构成独立的文学作品应当受到英国版权法的保护。而澳大利亚联邦法院在审理 Fairfax 案过程中却做出了截然相反的判例，该案件法官认定对报刊标题的复制是不违反《版权法》的。中国是典型的大陆法系国家，应对独创性的认定采用较为严格的标准,否则赋予简单的文字表述或新闻标题以版权会造成新闻作品传播的障碍,甚至会产生新闻内容和新闻作品被垄断的局面,非常不利于新闻传媒业的健康有序发展(张帆,卫学莉,2016)。

3. 借鉴欧盟新闻出版单位的邻接权制度

欧洲的传统媒体面对谷歌搜索引擎在互联网广告领域的冲击和挤占采取了直接的、正面的态度:它们联合起来,呼吁保护传统媒体的权利,要求谷歌对其搜索链接行为缴纳"谷歌税",以补偿传统媒体广告的流失。同今日头条一样,谷歌也是采用深层链接技术,将新闻作品内容通过链接行为在自己的页面上聚合,从而遭到大量传统媒体、出版社的质疑和诉讼。这样,将严重影响传统媒体的新闻生产动能,非常不利于版权法激励优质原创新闻作品创造的立法目的。因此,欧盟 2019 年出台《单一数字市场版权指令》,赋予新闻出版商新的邻接权,要求新闻聚合在线平台为使用新闻出版物的行为而向新闻出版商付费(张今,田小军,2019)。

有研究建议中国《著作权法》的修正也应该借鉴欧盟的《单一数字市场版权指令》中有关新闻出版者的邻接权,赋予新闻出版者就其所提供的内容被其他互联网站数字化使用的专有权利,同时明确邻接权的主体、客体、内容与权利边界,并将该种权利纳入法定许可的制度范畴,通过有效的机制决定支付费用的模式,以克服新闻聚合模式发展的制度障碍(李铁光,黄维,2019)。

4. 新闻作品的版权集体管理

中国对音乐作品、音像制品、电影作品、摄影作品都有相应的集体管理协会或组织对其版权进行集中管理、集中授权,效果显著,但是对新闻作品的集体管理还没有引起足够的重视。在互联网语境下，大量的新闻作品被转载，因此需要探讨集体管理的模式和效果，通过新闻作品的版权集体管理对新闻作品的版权集中授权许可，可以在新闻版权作品交换的同时有效提升交易的效率，从而实现新闻作品版权值的最大化和新闻作品版权资源的优化配置。2017年，为了适应新形势、新环境和新挑战，中国媒体行业成立了两个全国性的版权保护联盟，参加联盟的新闻单位希望能够合作维权。这种把不同的版权单位的权力集中到一起由联盟机构代为行使权力或进行维权诉讼的方式，既能提高新闻作品版权授权许可的效率，还能在很大程度上减少新闻版权使用方或被授权方在申请授权许可时所花费的时间成本和经济成本。新闻作品版权保护联盟通过共同管理、统一制度、集体定价和议价等方式，让各成员新闻单位获得版权集体管理在新闻作品版权上应有的优势和好处（黄玲，杨少明，2018）。

综上，中国对新闻媒体的版权保护论证大多集中在法律层面，然而在媒介融合的快速发展中，版权问题已经不仅仅是法律问题，还涉及产业发展、新闻体制等问题，所以本文突破传统的新闻作品版权研究脉络，将其置于一个动态的版权生态体系中去研究，能够更清晰地体现其版权价值。

1.3 研究问题及创新点

1.3.1 研究问题

中国传统媒体和互联网商业媒体平台之间的冲突与博弈的焦点是新闻作品的版权保护及利益分配问题。在新闻聚合平台展现出相对优势之初，传统媒体就开始相继寻求行政保护，2015年4月，国家版权局出台《关于规范网络转载版权秩序的通知》(下称《通知》)，明确规定互联网媒体转载他人作品必须先得到授权许可后再使用，并支付报酬。但是《通知》并没有有效地规范网络新闻市场的转载行为。随着互联网媒体持续发展和壮大，传统媒体继而寻求司法保护。由于中国《著作权法》立法体系中对时事新闻和时事性文章的版权有着严格的限制，使得传统媒体维权范围收窄，所以近年来理论界和司法界对时事新闻、时事性文章、新闻作品的著作权边界不断地进行明确和修正，并提高司法审判的赔偿额度，以减少新闻版权侵权行为，规范新闻版权市场。

新技术的快速发展，使自媒体数量持续增加，传统媒体依靠行政和司法救济并不能解决其面临的困境，它们逐渐意识到新闻媒体呼吁版权保护的目的并不是想要禁止互联网媒体使用其版权作品，积极维权也不是要阻断互联网的传播，而是希望互联网平台能够提升版权意识，在新闻内容创作方与新闻作品使用方之间建立一个公平的、合理的对价机制，打造一个良性互动的新闻版权市场。只有传统媒体和互联网商业媒体平台在内容、渠道上深度融合，形成产业生态，才能实现传统媒体的社会责任和舆论引导。所以，传统媒体和新媒体应当从内容的分离走向融合，打造"共融共生、共享共赢"的新生态。

由于中国新闻体制的社会主义特色，新闻媒体内容版权生态的形成和建立还需要理论层面与实践层面的共同探索和相互借鉴，以打破传统的版权保护、版权运营、传播渠道的壁垒，本书将"新闻作品版权生态"作为切入相关的新闻版权历史、新闻传播现实问题的分析路径，将版权置于一种动态性的相互关系中，以系统观为框架考察新闻作品版权制度与产业发展中存在的问题，构建符合中国新闻事业健康发展的、行之有效的版权生态体系。

1.3.2 基本概念

1. 版权生态

中国的《现代汉语词典》将"生态"定义为"生物在一定的自然环境下生存和发展的状态",《牛津高阶学生词典》对"ecology"(生态)的解释是"动植物相互之间及其与环境之间的关系"。而基于"生态"展开的研究"生物之间及生物与非生物环境之间相互关系"的学科被定义为"生态学"。"生态"关注的是关系和环境,它是事物存在、发展过程中与周围各种环境以及各种因素之间的相互关系(宋慧献,2006)。由此推论,不仅生物,人类社会也存在生态即社会生态,它关注的是人类与其所处的社会环境之间的关系。

版权生态以及版权生态之间的相互关系也与此类似。"版权生态",主要指版权产生和发展过程中的各种社会、文化、经济等方面的因素,以及它们之间的相互影响、相互促进、相互制约的关系。宋慧献老师2006年在《版权生态与版权创新初论》一文中,从制度发生学和产业发展两个层面去解释版权生态。首先,他从制度发生学与发展史的层面去考察版权生态,认为版权生态是版权法律制度的产生、变革以及发展过程中各种因素之间的相互关系。其次,他从版权产业的视角去考察版权生态,认为版权生态反映了版权产业生存与发展过程中的各种具有版权性质的主体与客体之间的社会关系,也就是说,它是版权产生,并因产业应用而产生出的各种相互之间的关系。在此过程中,任何层面、任何因素及其相互关系的变化,都会导致版权制度或体制上的变化,同时也会影响版权价值的实现,造成版权产业的差异(宋慧献,2006)。

2. 新闻作品的版权生态

通过上述版权生态的分析，可以推演出新闻作品的版权生态概念，即新闻作品的版权产生和其发展过程中的各种社会、文化、经济等方面的因素，以及它们之间的相互影响、相互促进、相互制约的关系。

1.3.3 创新点

本书以传统媒体与互联网商业媒体平台的版权纠纷为研究点，将新闻作品的版权保护问题从传统的司法保护和行政保护中抽离出来，放入生态体系中去研究，再以生态体系中其他要素的关联性和影响性的角度去分析中国传统媒体和互联网媒体的新闻作品版权保护与发展趋势，全面、立体地呈现中国新闻作品的版权保护所面临的法律、技术等层面的问题及相应的解决路径。以生态文明为导向，以生态系统理论为基础，以维护传统媒体和互联网商业媒体平台的双方权益和促进新闻媒体融合发展为目标，依照生态系统发展的基本要求，对现行的新闻版权立法体系进行修正，对于生态体系中各要素之间的相互作用和把握，按照利益平衡原则、法律与技术良性互动原则、生态发展原则、系统理论原则，对中国新闻版权生态发展给出合理化建议，以制订更加明晰的新闻版权制度，以及新闻作品版权许可机制，打造健康的新闻作品版权生态体系。

1.4 研究方法

本书在总体结构上采用"以史出发，史论结合"的方式，把"生态发展"作为研究的整体框架，借助新闻理论研究、版权法律研究的交叉学科视角，对中国新闻作品的版权保护和授权机制问题展开系统考察，在对新闻作品的版权立法发展史和立法理论进行经济学、法哲学的辩证分析后，对版权生态的概念和版权生态体系进行理论探讨，并尝试以版权生态体系的框架和各要素之间的影响与制约关系，去分析当下中国新闻传媒行业面临的媒体融合和作品版权保护的困境，并给出方向性的建议，在此研究框架下，本书采用了以下研究方法。

1.4.1 案例分析法

面对版权立法对"时政新闻""单纯事实消息"以及"时事性文章"边界不清的困境时，借助司法审判意见，搜集聚法网2015—2023年436件与"新闻版权"相关的司法判例，聚焦其对"时政新闻""单纯事实消息"和"时事性文章"的司法界定，为新闻作品版权保护范式作出了有益的补充；并以聚法网2015—2023年关于"新闻侵权""时事新闻""新闻转载"的3924件司法判例为蓝本进行分析，发现了这几年新闻作品版权侵权的发展趋势和特征。

1.4.2 比较研究法

互联网平台对传统新闻作品的转载和链接问题不是中国独特的传媒问题，而是世界各个国家都面临的互联网发展和立法问题，本书对德国、法国以及欧盟针对新闻作品的互联网转载和侵权问题的立法制度与实践进行比较分析，探索其相似性和差异性，为中国的新闻作品版权保护提供有益的借鉴和参考。

1.4.3　定量分析法

互联网商业平台对传统媒体的新闻作品转载是传统媒体和商业平台之间的最大争端，为了避免转载产生的纠纷和利益分配，互联网商业平台力求角色转变，引入大量自媒体，并鼓励自媒体内容创作，以今日头条 2021 年 11 月 15 日 0 点至 2021 年 11 月 22 日 0 点新闻转载和发布的 1040 条新闻资讯信息进行内容抓取，进行量化分析，对内容发布者的账号主体与发文数量分析归类，比较传统媒体和自媒体在今日头条上新闻资讯的数量和传播力。

1.4.4　深度访谈法

目前，对报刊的法定许可是否延伸到互联网领域的问题出现不一致的情况，新闻从业人员和法律研究者也从不同的角度论证其合理性或不合理性，争议较大。为了深入了解新闻行业从业人员和法律研究者对待此问题的看法，笔者进行了有针对性的深度访谈，争取更加全面客观地了解新闻行业和法律业的实际情况，为新闻作品互联网新的授权许可路径打下基础。

第 2 章　新闻作品版权生态体系构建的逻辑基础

新闻作品的版权生态体系是一个综合的、全面的内容解构和重构过程，需要法理上的开宗明义、史论上的追踪溯源、原则上的平衡论证，方能实现新闻作品版权保护的目标和版权价值的实现。

2.1　新闻作品版权保护的正当性

新闻理论阐明"新闻"是指对新近发生事实的报道，新闻记者通过采访、评论形成新闻作品，并将其公之于众，实现让公众知晓的目的。然而，新闻报道的内容多样，形式多元，新闻被划分为若干类别，各类新闻由于其独创性的程度不同，在版权法律领域内受到的保护程度亦不相同。其中，具有显著独创性的新闻作品受到版权保护是符合版权法的立法原则、马克思的劳动价值论的要义以及法哲学中的公平、正义的标准的。

2.1.1 思想表达二分法与新闻作品版权保护的正当性

1. 新闻理论中的"事实"与"新闻"

15世纪的英国《牛津辞典》把新闻解释为"新鲜报道",美国新闻学者卡斯伯·约斯特(2013)在对"新闻"一词在西方的起源考证时认为,英文中的"News"(新闻)一词是由英语北(North)、东(East)、西(West)、南(South)四个字的第一个字母组成的,表示来自四面八方的消息。他指出,"新闻"一词是由"New"(新)这个字引申而来的。纽斯特的解释与我们汉字中的"新闻"的含义是相吻合的,即新鲜事情、新鲜报道。

曾任中宣部部长的陆定一在其1943年发表的《我们对于新闻学的基本观点》中将新闻定义为:"新闻是新近发生的事实的报道。"这一界定强调了新闻的特征,在中国新闻界广泛传用。在此概念中,还有一个重要的关键词,即"报道",《汉语词典》上关于"报道"有两种含义:其一是指"通过报纸、杂志、广播、电视和其他形式把新闻告诉公众";其二是指"用书面或广播、电视形式发表的新闻稿"。两种解释的内涵相同,但是第一种解释把"报道"理解为动词,强调告诉公众,令公众知晓的系列动作;第二种解释把重点放在了报道的形式上,是将"报道"作为名词。所以新闻学理论中的"新闻"与"新鲜事情""新近发生的事实"是有着本质的区别的。新闻理论中的"新闻"侧重于新闻媒体对社会环境中的"新闻"进行报道时发表的新闻稿,即用文字、图片、音像等形式向公众传达的新闻作品,该定义与童兵教授(2001)对新闻的界定基本一致,即新闻就是事实的报道,这一定义方法被称为报道型定义,既区分了客观事实和社会新闻与新闻报道之间的区别,也强调了新闻报道工作的目标和重要性。

2. 版权法语境中的"新闻事实"与"新闻表达"

版权法对作品保护的基本原则为"思想表达二分法"。思想表达也称为思想表现形式,在文学、艺术和科学创作领域具象为作品(吴汉东,2021)。"思想表达二分法"理论的逻辑起点是将作者的创作活动一分为二:一是作者的思想内容;二是将这些思想内容通过文字、图片等方式外化于思想,并固定下来,形成作品。"思想表达二分法"是国际版权法律制度的基本原则,各国版权法的制定基础首先是基于该原则确定权利客体的范围,如美国1976年的《版权法》第102条(b)规定:"在任何情形之下,不论作者在作品中是以何种方式加以描述、表达、展示或显现的,对原创作品的版权保护都不扩及作品中的一切属于想法、程序、过程、系统、操作方法、概念、原理及发现的部分。"

版权法律制度里的"思想表达二分法"原则与新闻理论中的报道型新闻的定义方法异曲同工。版权法只保护新闻报道的表达方式,即新闻事实被新闻采写记者叙述的方式以及叙事过程中呈现出的独特的写作风格和写作方法,但是新闻报道里的客观事实是不能受到版权法保护的(唐·R.彭伯,2004)。也就是说,新闻事实不受版权法的保护,而新闻表达是受版权法保护的。但是版权法主要保护具有独创性的作品,而对客观新闻事实简单地陈述很难表现出新闻记者或作者的独创性,无法达到版权法中具有"独创性"的"表达"要求,不能受到版权法的保护。国际第一部版权立法《保护文学和艺术作品伯尔尼公约》(简称《伯尔尼公约》)经过多轮的谈判和修正,最后确定对"纯消息报道性质的每日新闻或各种事实"公约不给予保护。《伯尔尼公约》之所以这么规定,主要是认为单纯的新闻或各种事实的表达不具备"作品"的独创性要件,无法满足作品对"智力成果"的要求。

中国《著作权法》关于新闻作品的保护方式基本沿袭了《伯尔尼

公约》的立法标准，在 1990 年的《著作权法》中，第 5 条第 2 款规定"时事新闻"不适用本法，即排除了"时事新闻"的版权保护。但是关于"时事新闻"的界定，法学理论和司法判例都没有清晰、明确的界定范围。直到 2002 年公布的《中华人民共和国著作权法实施条例》第 5 条第 1 款对时事新闻做了明确的立法解释，强调"时事新闻"是指"通过报纸、期刊、广播电台、电视台等媒体报道的单纯事实消息"，与《伯尔尼公约》关于"日常新闻或社会事实的单纯消息"法律规范原则保持一致，2020 年修订的《著作权法》正式将不受其保护的客体修正为"单纯事实消息"。

3. 日常新闻和新闻作品的保护差异

如上所述，《伯尔尼公约》和《著作权法》都将"单纯事实消息"排除在版权保护的客体范畴之外，但是《伯尔尼公约》研究小组及斯德哥尔摩会议计划都提议对《伯尔尼公约》关于"单纯事实消息"的保护限制进行进一步的解释说明，强调公约不保护关于"日常新闻或社会事实的单纯消息"是因为这类新闻消息不具有作品构成所必需的独创性属性。这更充分表明新闻或事实本身不受保护。但同时，这个解释也有力地说明了新闻采写者或者新闻记者的具有"独创性"的文章或其他"新闻作品"，只要符合作品的创新性表达要求就可以受《伯尔尼公约》的保护。

新闻学理论从不同的角度和视角对新闻做了分类，包括按新闻的内容对新闻进行分类，按照新闻体裁的不同进行分类，也有按新闻发生的地域对新闻进行分类，类别多样，名称也各有特征。而且随着各种新的新闻采写技术在新闻报道中的广泛运用以及新闻媒体的融合发展、智能发展，新闻体裁的分类会越来越多样化和多元化（童兵，2015）。但是，不管新闻学的分类如何，版权法律制度只考察其是否具有独创性，是否符合作品的基本要求，据此将其分为不受版权法保护的"单纯事实消息"和除此以外的其他体裁的"新闻作品"。如包含新闻记者评论的述评新闻、采访札记、作者付出了大量智力劳动和体力劳动的深度调查报告，以及依据作者本人世界观、价值观对新闻事件作出的分析性新闻和解释性新闻，还有具备文学创新性表达的报告文学、小品文等都应当属于其他体裁的"新闻作品"，受版权法的保护，当然那些创新性较强的新闻摄影作品、新闻录音录像制品等也应当被纳入版权保护客体的范畴内。按此分类标准，只有极少的一部分新闻表达属于不受版权法保护的客体内容。

同样，中国关于新闻的司法判例和新闻立法保持着高度的一致性和统一性。数据显示，从 2015 年到 2023 年聚法网案例上与"新闻作品""时事新闻"[①] 有关的判例共 436 件，在涉诉的新闻作品著作权侵权案件中，司法判定为"时事新闻"的案例仅有 5 起。可见，在司法判例中，"时事新闻"的占比非常少，大部分涉诉的新闻作品都被判定为具有"独创性"的新闻作品，侵权者就其未经授权而转载新闻作品的行为应当承担侵权责任。

另外，中国司法判例强调，"时事新闻"是对报道形式仅涉及该事件的基本构成，使用最简明的语言和文字的新闻报道，具有较强的即时性。如果报道者对新闻事件的报道仅涉及该事件发生的时间、地点、人物等基本构成要件，且用最简明的语言文字进行表达，使得其他新闻记者或新闻媒体对该事件的报道必然会使用相同的或相类似的语言与文字，则该新闻报道属于"时事新闻"。这对中国的新闻立法作出了有益

---

① 2020 年修正的《中华人民共和国著作权法》将 2010 年《著作权法》中时事新闻修正为单纯时事消息，所以 2020 年前的司法判例基本使用时事新闻。

的补充和说明。那么，除此之外的新闻报道都应当受《版权法》的保护，即新闻作品版权保护是由国际公约、中国版权法律制度和相关司法判例确认的，其版权保护具有合理性和正当性（见图1）。

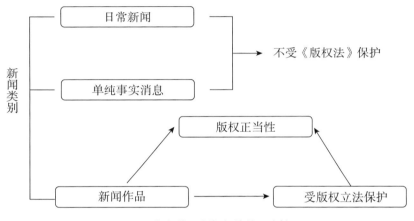

图1　新闻作品版权保护的正当性

2.1.2　马克思劳动价值理论的新闻作品版权正当性辨析

传统的版权领域，提到版权正当性时，一般会从劳动理论、人格理论和经济激励理论三个角度进行阐述。劳动理论把版权的保护客体看作人类智力劳动成果的体现，即人类付出了智力劳动而获得相应的报酬，并获得对其劳动创作物的专有权利；人格理论把版权保护的客体内容理解为人格利益的延伸，即基于司法对公民人格权益的保护而赋予体现人格价值的作品以权利；经济激励理论则是从社会福利最优化、最大化的导向去赋予民事主体相应的权利，激励其创新、创作行为（陈杰，2016）。在此过程中，洛克的劳动财产权理论是被引用最多的，洛克的劳动财产权理论中强调每个人不仅对自己的人身享有专有权，而且每个人对自己的劳动所得同样享有专有权，同时，通过自己的劳动而创造出的具有一定价值的产品也是享有专有权的。美国学者休斯认为，思想和表达的产生需要劳动，这与洛克的劳动理论逻辑一致，版权保护的是作者在文学、科学和艺术领域内的思想表达或是具有独创性并能以一定形式表现的智力成果，不管是思想表达还是智力成果，都需要劳动，劳动者理应通过自己的劳动获得其应得的专有权。

上述理论从不同的视角分析了劳动创造所得的法律性和正当性，同理，新闻创作者也是通过自己大量的智力劳动创作出新闻版权作品，新闻版权作品的创作者应当对其作品享有专有权。版权从诞生之日起，就被视为是一种私权，一种公民的民事权利，是权利人一种专有的财产权，其财产性决定了可以通过优化资源配置的方式去提高版权作品的使用效率，增加版权作品的流通和传播，以实现该作品的版权价值。如果说实体经济是以满足社会物质生产和消费者生活需求为基础的话，那么资源的配置主要是那些与劳动密集型、资本密集型产业相适应的生产要素；如果其财产权的形式通常以相应的资源实体状态呈现的话，那么满足社会发展和人类需要的文化生产与精神需求的文化产品经济，其资源配置的方式就是与知识密集型产业相适应的生产要素，财产权的形式不再是物理状态的产品，而是那些无形的、非物理状态的产品（张养志，叶文芳，2019）。

同样，马克思经济理论强调，一切商品都凝结着一定数量的人类劳动。这种人类劳动即包括物理形态的具体劳动，也包括非物理形态的智力劳动或是抽象劳动，正是因为人类文明的发展和进步主要依赖于人类的智力劳动和抽象劳动，才使得社会上的商品具有不同的属性、价值和使用价值。民众在不同的领域和空间交换商品的过程实际上就是交换劳动的过程，所以马克思的劳动价值理论强调商品的"二重性"，任何商品的生产过程都包含了人类的具体劳动和抽象劳动。版权作品的生产过程也可以被视为版权创作者的劳动过程，版权创作者通过抽象的智力劳动创作出版权作品。根据马克思的劳动价值理论，版权作品具备商品的典型特征，版权作品是以作者的创意和作者的知识水平、知识储备作为智力生产的原材料，通过作者大量的、复杂的智力劳动，创作出依附在内容层面上与"在先作品"都有所区别的独创性商品。

受版权保护的作品与其他普通商品最大的区别在于，受版权保护的作品主要是文学、科学、艺术等领域中的智力劳动成果，更多的是去满足社会公众逐步增长的精神文化方面的需求，而不是物质文化的需求。版权作品既凝结了创作者的抽象劳动，也体现了创作者的具体劳动，具有典型的价值和使用价值，需要也应当受到法律制度的保护，以促进文学、艺术、科学等领域的文化创新，激励社会发展。大部分的新闻创作者创作的新闻作品和普通的版权作品一样，都凝聚了新闻采写者或新闻记者的大量智力劳动成果，具备版权作品的双重性，在进入市场流通环节后，需要合理有效的版权制度予以保护，否则，新闻媒体和新闻记者的创作热情会受到损害，市场上就会缺少很多有深度、有温度的新闻作品，这对社会公共利益反而是一种损失。

2.1.3　新闻作品版权正当性的法哲学思考

黑格尔（1821）在其《法哲学原理》一书中强调"法律"是"人类自由意志的存在"，这和"法律的第二性原理"的法律理念、法律思维和法律态度是一致的。通常意义上的法律是人类依据其自由意志而制定的，法律不是自然界的客观存在，而是一种哲学意义上的法律，是一种体现了主观意识的规范人类行为方式的制度，所以要想使其达到协调社会关系时的相对公平，就要赋予法律内容以法律价值，而"自由、平等、安全、秩序、正义和效益"是法律规范和法律制度一直追求的具有代表性的法律价值（吴汉东，2013）。

以平等、效益为要义的物权法律学说，把"财产"当作人与人之间被法律规范确定的社会关系的中心要素，在法律制度设定权利义务的过程中，只要是某人或某人的某项财产能够被其他人所使用，并带来一定的便利或收益，那么这个人或其财产就应当被视为社会资产，应得到法律制度的关注和考量，以此去提升那个人的内在善，而不论这种内在善是真实存在的还是虚拟的。

从上述法哲学的分析视角来看，新闻作品版权也包含着非常典型的财产性，但是同其他私人有形的财产权相比，新闻作品的财产权又受到新闻公共性这一特殊属性的制约。哈贝马斯（1962）在《公共领域的结构转型》中提出了公共领域的概念，并认为公共领域是与私人领域相对立的一个特殊的独立领域。而新闻作品恰恰是私人领域的创造物，但又属于公共领域的一分子，每个公民或自然人能够在公共场所或者公共领域自由地、平等地就其关注的，或者涉及社会公众利益的重大社会、政治、经济等事件发表自己的观点或表达自己的态度，并最终通过合理的、正当的批判形成公共舆论时，公平正义才能得以体现，公共性才得以实现（张学敏，2017），这也是新闻价值的体现方式。所以在制订新闻作品的法律制度时，公共性是衡量新闻法律"善"的体现。

美国法哲学家安德瑞·马默（2014）从司法的视角对资源的使用和利益分配作出了著名的阐述。他认为，司法规则要关注资源的有效配置，法律就是以引导资源进行有效配置的方式，构造并保护一个私人权益体系。版权属于司法范畴，主要是调整版权领域资源的有效配置，但是由于新闻具有典型的公共性，这又决定了在对新闻版权资源有效配置的基础上应当衡量社会公共性，以保障新闻法律的公平正义。所以，版权法应当处于一个法律体系中，这个法律体系是在一个层级结构中进行自我组织的系统性的统一体，它既包含资源的有效配置，也在配置的过程中设定具有特殊权利的限制，以维护其合理性和正当性。这也体现了各国立法将日常新闻或单纯事实消息排除在新闻资源的司法保护范畴之外的合理性，以及凝结了作者大量智力劳动的新闻作品应当受到法律资源保护的正当性。

2.2 新闻作品版权保护制度的演变之路

2.2.1 近代新闻作品版权保护的思想溯源

版权意识的萌芽是随着古登堡印刷术在欧洲得以广泛应用而产生的，而新闻作品版权保护的起始阶段可以溯源到"手抄新闻时代"。之后随着新闻作品形式的不断演变，新闻作品的版权保护制度也在不断发展和变革。

在欧洲国家经历了文艺复兴、宗教改革、罗马法振兴等系列大规模社会文化运动后，这些国家的普通民众的法律意识觉醒，他们开始以"自然法理论"为指引，在18—19世纪这一历史阶段，打造了保护精神产权的一系列法律制度（吴汉东，2013）。但是由于各个国家在政治、经济和文化意识等方面存在巨大差异，各个国家的版权保护传统和版权保护制度也存在着差异性，各有特色。大部分英美法律体系的国家以"财产价值理论"作为版权法律制度的基础，将版权看作一种可以自由转让或许可使用的财产，高举"商业版权"的大旗，坚持版权的内涵是权利人以实现作品的商业价值，从而复制或许可他人复制作品的权利。而大陆法系国家则将"人格价值理论"作为版权法律制度的核心要义，它们将版权视为权利人人格价值的延伸，强调保护权利人的精神权利，任何财产权利的行使都不得影响或者侵害权利人的精神权利。

而新闻作品版权是版权保护制度发展到一定历史阶段的产物，与整个世界范围内的版权保护水平密不可分。新闻作品版权产生的前提当然是大量的新闻作品的出现和传播，从新闻的口口相传，到手抄新闻，再发展到作为大众传播开端的印刷新闻纸，历经了漫长的发展（翟真，2015）。从新闻版权保护的内容角度去分析的话，新闻作品所记录的新闻信息确实由一般信息与其他信息的混沌状态逐步过渡到二者分离的状态（杨保军，2008）。但是，这种分离没有一个绝对的、清晰的时间点，两者有时是共同存在的。历史记载中最早的手抄新闻是公元前59年的罗马《每日纪事》(*Album*)，其将重要信息用手工抄写在白板上，置于公共场所。由于各地王公、贵族、富商想得知罗马的消息，于是有人抄录它送往各地，领取酬金。这是"新闻信"的起源。新闻信是手抄新闻的一种形式，在欧洲流行了1700年。中国的邸报，自唐代开元年间（公元713—741年）至明末，基本上也是一种手抄新闻。手抄新闻发展的顶峰时期是16世纪中叶的意大利威尼斯的"一文钱报"，这是一种定期的手抄新闻，有专人经营，贴在公共场所的墙上，内容为交通状况、战争消息、船舶航期、市场行情等，阅者要先付一文钱（Gazette）。以后欧洲的报刊常用这个词作为报刊名称（转译为公报），这一文钱的付费可被视为手抄新闻版权保护的最初尝试，是新闻作品版权保护的思想萌芽。

2.2.2 新闻作品版权保护的历史脉络

1. 各国新闻版权立法

随着印刷术广泛应用于新闻报刊，手抄新闻的时代被印刷新闻时代所取代，新闻出版业也在新技术的助力下迅速繁荣起来。然而，印刷术的传播、推广和被新闻出版商的大量应用，也给了一些印刷商未经许可而直接复制他人创造的新闻报纸带来了可能，所以保护印刷新闻的版权随着各国《版权法》的制定也受到相应的保护，并日趋完善，为国际新闻作品版权立法奠定了基础。

1）英国全面保护新闻作品

英国是世界上最早的版权立法国家，1709年的《安娜法案》旨在"授予作者、出版商专有复制的权利，以鼓励创作"，鼓励人们对生产精神产品和兴办出版业进行投资。1711年，英国颁布《饮料和纸张征税法》，这部法案被称为是对《安娜法案》条款的重要补充、说明和阐释，在新闻版权制度发展史上有着非常重要的历史地位。《饮料和纸张征税法》对那些"内容包含公共信息、情报、突发事件的新闻和报纸"的普通税提高收税标准，并且规定，如果作者没有按法律要求缴纳相应的税款，那么依据《安娜法案》其作品所享有的权利就会消失。从这项规定可以看出，18世纪的英国已经开始保护作者发表新闻和出版报纸的权利，但也设置了相应的税款缴纳限制。

而对新闻内容保护最全面、立法最清晰的是1842年的《英国版权法》。其中强调，如果不赋予报界对其刊登的与公众利益密切相关的各种新闻作品以版权，那么报界就会缺少创作热情，公众就很难再获得一些特殊的、深入采访的新闻作品。所以《英国版权法》将普通专门论说、紧要新闻，以及一切难探听之事都纳入版权保护的范畴之内。同时，1842年的《英国版权法》关注到了其他报刊对某一报刊新闻内容进行改头换面、摘编到自己的新闻报纸之上的不公平竞争行为，并予以禁止。可以看出，1842年的《英国版权法》对任何新闻内容、新闻形式都是加以保护的，属于全面保护新闻作品的版权制度。

2）美国《版权法》与《反不正当竞争法》的结合模式

1790年，美国颁布了第一部联邦《版权法》。这部《版权法》的基本内容被认为基本出自英国的《安娜法案》。对新闻作品的保护，美国《版权法》立法之初就将纯信息、公告性质的新闻排除在该法保护范畴之外。但是如果新闻作品中包含了具有文学性或者美术性的内容表达，则仍可以依照《版权法》的相关要求来获得版权保护（翟真，2015）。

同时，为了避免竞争对手将新闻报道进行掐头去尾的改写，或转换表达形式，将别人的劳动成果转化成自己的、规避相关责任的新闻报道转换行为，美国司法机构通过引入《反不正当竞争法》的立法机制，连同对新闻首次出版的版权保护制度一起构筑新闻作品的保护框架，从而有效地规范媒体之间的改写、摘抄等不公平竞争行为。这种不公平的竞争行为会使公众对新闻报道的来源产生误读或困扰，不仅损害新闻的真实性和权威性，也对那些付出大量劳动而对新闻进行挖掘、采访、报道的媒体利益者造成严重影响（王靓，2002）。

3）中国"政治及时事新闻"的排除

中国版权制度的萌芽可以追溯到1898年7月12日光绪帝批准颁布的《振兴工艺给奖章程》，《振兴工艺给奖章程》中就对"所撰写的新书或新的发明创造，例如在公法、律例、农学、商学、兵法、算学、格致等领域，如果该新书或者发明确有与众不同之处，则可以给予'庶吉士、主事、中书'等官职,或给予重用,准许其作为使臣出使各国,或者将其派往京师及各省的大学堂专门任教"做了御批。但是《振兴工艺给奖章程》对作品的要求非常高,明确规定每个人所著作的图书必须达到 20 万字以上,才可以申请此奖励,以防止一些冒充和滥用的行为。《振兴工艺给奖章程》中最具进步性的立法体现是赋予了作者奖励后,允许作者享有对其书的 20 年的专有自刻权。1910 年的《大清著作权律》中明确规定"各种报纸记载政治及时事上之论说新闻"的著作不能享有著作权,即排除了关于政治及时事新闻的版权。这一规定直到 1928 年《中华民国著作权法》颁布后才被修正。该法就不得享有著作权之著作物中并没有提及政治及时事新闻,只是强调:"揭载于报纸杂志之事项,得注明不许转载,其未经著名不许转载者,转载人须注明其原载之报纸或杂志。"由此可见,中华民国的著作权法已经开始保护新闻作品的署名权之著作权基本权利。

2. 新闻版权的国际公约保护

版权法律制度具有典型的地域性,各国的版权法就其保护客体、保护期间、权利内容都有自己的法律传统,各国的版权法中存在很多实质或者细节上的差异,但是,版权保护的版权作品往往是突破地域性的,是国际性的,所以各国作者和艺术家意识到适用更统一和更广泛的国际版权保护的必要性,于是开始促进作品的国际保护公约的谈判和签订,《伯尔尼公约》《世界版权条约》《与贸易有关的知识产权协定》等国际版权公约陆续登上历史舞台,并发挥版权作品国际保护和传播的重要作用。

1)《伯尔尼公约》

1878 年,"世界博览会"和"第一次国际文学大会"分别在法国召开。其中"第一次国际文学大会"由法国作家协会的维克多·雨果主持,参会的有来自三个大陆的杰出作家、出版商和许多公众人物。在文学家雨果的倡议和主持下通过了许多决议,并建立了国际文学艺术协会。1883 年该协会向瑞士政府提交了《统一的文学公约提议方案》,伯尔尼会议在 1883 年 9 月 10 日开幕,通过三天的会议讨论,达成了 10 个条文的简要公约草案,该草案受到很多国家的关注,促成了 1884 年外交会议的召开,该会议的成果是形成了《关于成立保护作者权利总联盟的公约草案》(也称《1884 年公约草案》)。《1884 年公约草案》提出了"受保护的主体和作品""翻译权""复制权的限制"等重要内容,其中"复制权的限制"立即开始关注"报纸和期刊文章的复制权"限制问题,《1884 年公约草案》第 9 条第 1 款规定:"从任一成员国出版的报纸或期刊汇集中摘录的文章可以在其他成员国以原作或译作的形式复制。"对版权规定的这一限制的法理基础是出于对国际范围内信息和新闻传播的公共利益的考量。但是,《1884 年公约草案》第 9 条第 2 款进一步强调这条条款不适用于"如果作者或出版商刊载文章的报纸或期刊上明确声明禁止复制的",也不适用于摘自该报纸或期刊的"一定长度的其他文章"。这条规定表明了版权在国际立法初期,相关人士就已经考虑到新闻信息的社会公共性,并在第 9 条第 3 款强调任何"政论"文章都不能适用除外规定,即时政类文章不受报纸和期刊文章复制权的例外限制。也就是说,任一成员国出版的报纸或期刊中的"政论"文章都可以在其他成员国以原作或译作的形式进行复制,作者不能主张复制权的保护。

1885 年外交会议审议的《1885 年公约草案》对《1884 年公约草案》的第 8 条和第 9 条做了特别大的修正,由于英国提出该条规定与英国版权法中"必须知名文章来源"的要求相冲突,要求删除关于报纸和期刊文章复制的条款，但是遭到了很多其他国家的反对，最后大会保留了《1884年公约草案》中关于"时政文章"的复制权限制的条款，并增加了与复制"时事新闻或当前热点"相关的新限制，同时明确"政论文章"仅指关于时政类的文字作品，而不适用于关于经济和政治问题的论文或研究。

1886年9月9日，《保护文学和艺术作品伯尔尼公约》（以下简称《伯尔尼公约》）在伯尔尼举行的第三次大会上予以通过。英国、法国、德国、意大利、瑞士、比利时、西班牙、利比里亚、海地和突尼斯10个国家签署了公约，而美国和日本均为观察国参会，并没有签署公约。

但是，关于对期刊和报纸文章复制权的问题仍然是《伯尔尼公约》发展过程中的主要议题。1908年，柏林修订会议对期刊文章和报纸文章进行了明确的区分，强调未经作者许可不得复制期刊文章，报纸文章则可以被其他报纸随意复制，但明确禁止的除外，这个规定相比1886年文本而言，具有典型的进步性，而且这次会议也明确将"日常新闻"和"纯属新闻性质的社会消息"排除在《伯尔尼公约》的保护范畴之外。

在1948年的布鲁塞尔修订会议上，法国提议对《伯尔尼公约》的第9条进行更加系统的规定，尤其是在报刊使用方面，但是波兰、荷兰和捷克等国家认为该提议可能会限制新闻信息的国际传播，因而坚决反对，最终各方达成妥协，仅规定"对报纸或期刊进行少量引用，以及在新闻摘要中简要引用报纸文章或期刊内容是被允许的，但应当在引用和摘录后指明出处并保护作者的署名权（如果有作者署名的）。"

1967年的斯德哥尔摩文本对时事新闻报道作出了新的规定，把对新闻报道的使用条件交由各国国内法去自行规定，具体而言，各国可自行确定在报纸、期刊和广播电台、电视等媒体中使用那些已经公开发表的演讲等作品的具体方式和适用条件。基于此，大部分国家为了公众信息的传播，都在国内法中规定，以新闻报道为目的，在不经作者授权并不向作者支付版权费用的情况下可以直接使用在公开场合发表的宣言等内容，但应该保护相关权利人的署名权和其他人格权利，这个规定可以被理解为关于新闻报道的"合理使用"，有的国家把新闻报道的"合理使用"延伸到关于"重大的政治、经济"等时事性新闻作品，除非版权权利人提前对这种"合理使用"有明确的相反意思表示（翟真，2015）。

1971年《伯尔尼公约》的巴黎文本首先将"单纯消息报道性质的每日新闻或各种事实"排除在《伯尔尼公约》的保护范围之外，并明确了"报纸上的文章和新闻摘要形式的期刊，准许进行引用，只要这种引用符合公平管理，而且不超出这一目的所证明的合理限度即可"。

至此，《伯尔尼公约》把"日常新闻"排除在版权保护客体之外，但给予具有独创性的新闻作品以版权保护的立法方式对各国的新闻作品版权立法给出了方向性的指导，但是很快，《伯尔尼公约》开始面临数字化的挑战。

2）《世界知识产权组织版权条约》

1996年12月世界知识产权组织在其召开的外交会议上审议通过了两个与版权保护密切相关的国际公约：《世界知识产权组织版权条约》与《世界知识产权组织表演与录音制品条约》。从参会国家的角度看，这次会议可以被视为有关版权和相关权益问题最大规模的一次外交会议。《世界知识产权组织版权条约》在头条条款中将其定性为《伯尔尼公约》的特别协议，以示与《伯尔尼公约》的本质性区别，强调其不是《伯尔尼公约》的补充条约，更不能被视为《伯尔尼公约》的补充附件，但是也明确地说本条约的任何内容均不得减损缔约方相互之间依照《伯尔尼公约》所应承担的义务。就作品保护的范围，《世界知识产权组织版权条约》强调，要依照《伯尔尼公约》中所规定的作品类型提供保护。除此之外，其也对《伯尔尼公约》中没有解决或者解释不够清晰的问题进行了补充，其中最为重要的是在第2条提出了著名的"思想与表达二分法"的理念，即"版权保护延及表达，而不延及思想、过程、操作方法或数学概念本身"，这对新闻事实与新闻作品的区分给出了法理性的指导。

3）《与贸易有关的知识产权协定》

随着数字化技术的发展，国际版权贸易的进程加快，《伯尔尼公约》的局限性逐渐显现。为此，世界贸易组织寻求制定新规则，以消除各国因知该产权保护标准不一而造成的贸易壁垒问题。就版权保护和版权贸易而言，《与贸易有关的知识产权协定》对作品的保护标准是建立在《伯尔尼公约》保护水平之上的，并在一定程度上对《伯尔尼公约》的保护水平予以强化。首先，《与贸易有关的知识产权协定》对《伯尔尼公约》的实体性标准进行拿来主义，其第9条第1款规定，缔约方应遵守《伯尔尼公约》（1971年文本）的第1条至第21条及其附录，并强化了《世界知识产权组织版权条约》中的"思想与表达二分法"的版权法理，强调"著作权保护延伸到表达方式，但不得延伸到思想、程序、操作方法或数学概念本身"。除此之外，《与贸易有关的知识产权协定》还要求各个成员国，不管是否加入了《伯尔尼公约》，都必须遵守《伯尔尼公约》的保护标准。可见，《与贸易有关的知识产权协定》促进了《伯尔尼公约》中的作品版权保护规则的推行。

2.2.3　互联网环境下新闻作品版权保护制度的失灵

从 1709 年的《安娜法案》到各种国际公约的版权规制，在长达 300 多年的新闻传播领域起到很好的示范和约束作用，使得版权保护水平不断提高，版权产业也初具规模。但是，互联网技术的普及使新闻作品的复制、转载变得简单易行，新闻传播格局被打破，传统媒体从新闻作品的生产者和传播者逐渐成为单一的新闻作品生产者，而互联网媒体平台成为新闻作品的传播者。互联网媒体平台通过转载和跳转链接可以轻易获取传统媒体的新闻作品，分流了大量传统媒体的用户、广告，使得传统媒体的营收断崖式下跌。而停留在印刷时代的版权立法对深度链接、修改标题或删减内容、新闻快照等行为没有明确的法律规制，使得版权纠纷接连不断，新闻版权制度逐渐失灵。

就中国而言，2015 年，今日头条的 C 轮融资让传统媒体有了强烈的危机意识，并且开始选择版权维权。2015 年到 2020 年，中国新闻作品版权纠纷层出不穷，侵权的类型也愈发复杂（王辉，2019），侵权数量和案例逐年上升。

以聚法网 2015—2023 年关于"新闻侵权""时事新闻""新闻转载"的 3924 件司法判例为蓝本进行分析法系，从 2015 年到 2020 年，中国新闻作品版权纠纷层出不穷，侵权的类型也愈发复杂（王辉，2019），侵权数量逐年上升。从 2016 年起，中国新闻作品版权侵权进入加速增长期，2017 年版权侵权案件同比增长 62.74%，是涨幅最大的一年，2018 年同比增长 41.45%，2019 年同比增长 17.03%，2020 年同比增长 21.39%，较 2019 年上升了 3.36 个百分点。2020 年之后，新《著作权法》将不受著作权法保护的客体之"时事新闻"修正为"单纯事实消息"，时事新闻的版权保护得到提高，新闻作品的版权侵权案件开始下降（见图 2）。

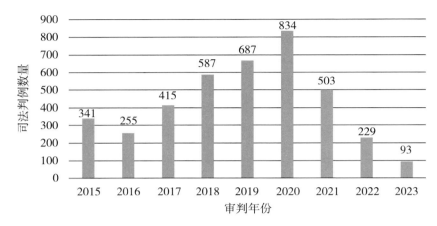

图 2　聚法网 2015—2023 年有关新闻侵权的司法判例数量变化表

另据中国信通院（2019）的统计数据显示，在 2019 年侵犯信息网络传播权的案件中，以微博、微信公众号等渠道进行传播的案件占比为 26%，网络新闻转载纠纷案件的数量占 7%，其中，有将近 1/4 的案件是传统媒体和网络媒体之间的版权纠纷。可见，新媒体的发展更是冲破了各媒介间的壁垒，实现了同一信息的多载体传播，增强了各媒介间的互联互通。自媒体的出现推动了传播的及时性和广泛性，各种终端的不断升级弱化了时间感，信息的采编、加工，以及传播几乎实现同步，传播者和受传者能够随时随地进行面对面的交流，这在很大程度上提升了传播的时效性。在信息爆炸的今天，数字技术的高速发展使得信息在传播中越发快速便捷，网络媒体数字化的特性改变了信息的传播方式、呈现手段以及接收的终端，通过互联网就能够全面传播信息，随时报道事件最新的进展情况和更新自己的新闻作品。全程媒体打破了传统媒体时期传播时空上的局限性，同时，由于版权制度的限制性，新媒体与传统媒体之间的版权纠纷成为新闻传播广度和效度之间最大的屏障。

新媒体技术冲破了传统媒体对信源的掌握，随着媒介传播渠道的更迭，话语权逐渐分流给了公众，表达渠道也随之增多，全民皆媒的时代开启。普通大众在全媒体时代不仅扮演着新闻作品受传者的角色，更是被赋予了内容生产者和传播者的新身份。例如，在许多关于突发事件的报道中，第一时间提供事实现场情况的已不单单是传统媒体，移动终端的普及使得每一位普通大众都可能成为事件第一现场的传播者，网络赋予了普通公众信息传播权，信息传授的一体化实现了双向实时的交流，以此为前提的信源以信息爆炸的姿态回归，这些都对版权规制提出新的挑战。

2.2.4 互联网环境下新闻作品版权保护的国外路径

在互联网飞速发展的前提下，传统的版权法律体系已经不能够满足当前的环境需求，为了顺应时代的发展，需要修正原有的版权法律制度以适应现代社会传播环境。很多国外的组织和国家开始意识到这个问题，并采取了相应的保护措施。与国外相比，中国对于版权领域内的研究相对较晚，面对当下全媒体的时代背景，中国在传统媒体新闻作品著作权的保护中也出现了一些问题。因此，通过对其他国家和地区应对类似问题的实践经验和成果进行研究，分析其所采取的保护制度和立法实践，参考国外的对策，再结合自身优势对已经出现的困境寻求最佳解决方案，并对可能会出现的问题进行预判，这对中国新闻作品的版权生态体系的构建具有积极的借鉴意义。

1. 德国《著作权法》增设报刊出版者

属于大陆法系的德国，它的法律体系是比较成熟完善的，但是也面临着互联网数字技术带来的各个领域的冲击和影响，因此为应对数字化和新媒体浪潮的冲击，德国2013年的《著作权法第八修正案》创设了专属于报纸、杂志的报刊出版者权这一邻接权，这项权利是指报刊出版者在产品出版后一年内，对其享有以商业目的进行网络传播的专有权，其主要用于对抗以谷歌为代表的搜索引擎和新闻聚合器在互联网上免费使用报刊产品的行为。

同年，德国的《附属版权法案》出台，规定不论是报纸、杂志等传统媒体，还是网络等传播平台，它们所创作的新闻作品都受《附属版权法案》的保护，但是在引用这些新闻作品内容时必须先获得授权许可，未经许可的使用行为属于违法行为，应当受到相应处罚，并承担相应的法律责任。

此外，德国在《附属版权法案》中也增设了链接税，强调互联网信息内容链接的行为要向新闻作品的来源支付一定费用。即不论是搜索引擎对其他平台的新闻作品进行链接，还是像谷歌这类新闻聚合类平台的内容主要是对其他平台的新闻作品进行整合的互联网转载行为，都要支付"网络链接税"，以给新闻作品的著作权人相应的补贴费用，此举为新闻作品的原创作者提供了收入来源（李冰，文卫华，谷俊明，2014）。另外，德国的《版权法》还规定了具体的支付金额，使得授权人与被授权者在出现影响力的差距时得到平衡，让双方在比较平等的前提下合理分配报酬。

2. 欧盟《数字化单一市场版权指令》

欧盟很多国家从2010年即展开了以"谷歌税"为代表的维权之路。2015年5月，欧盟委员会正式公布《数字单一市场战略》（*DSMS*），旨在应对数字化的发展给欧共体单一市场带来的挑战。2016年9月，欧盟委员会出台了《版权法》改革的5份重要提案，德国《附属版权法案》里的很多表述都在这5份提案中有所体现，其中最值得关注的就是提高网络服务商（ISP）的注意义务与责任，为新闻出版商增设邻接权，向聚合平台收取合理补偿（腾讯研究院，2016）。但是，反对者认为这种新设的邻接权缺乏相应的理论基础支撑和成功的实践经验。以德国和西班牙的先例为证，坚称这种立法可导致新闻网站失去大量的点击量和广告盈利，造成新闻生产者和新闻传播者都得不到利益的局面，即新闻出版商和互联网平台相互博弈后的"零利益"的局面。然而，尽管反对声音很大，2019年3月，欧盟议会依旧审议通过《数字化单一市场版权指令》（以下简称《版权指令》）。欧盟《版权指令》成为继1998年美国《数字千年版权法案》之后的国际立法应对互联网技术高速发展对版权保护以及版权产业带来巨大冲击的第一个重大的法律成果，虽然受到了很多的阻碍和反对，但最终的通过仍然表明了欧盟在数字化时代对版权保护水平提高的决心和力度。

欧盟《版权指令》赋予了新闻出版机构一种新的邻接权，并添加了链接税。该法案第十五条规定，网络平台在转载和使用传统媒体的内容时需要向原作者支付相应的"链接税"，这是为新闻原创者设定的新权利。具体而言，就是如果互联网平台，例如搜索引擎、社交媒体等网络媒体在其网页上显示新闻出版机构生产的内容时，则新闻原创者可以据此主张互联网平台向其支付这种"链接行为"所产生的费用。

欧盟通过增设新型权利，给予新闻出版者以邻接权的保护，重新构建了传统媒体与网络媒体之间的利益分配机制，此项权利对数字技术下版权保护体系的良好运行给予了建设性的指向。数字技术的发展不仅改变了原有的线性传播模式，而且强化了互联网在新闻传播过程中的权重，削弱了传统新闻创作者或新闻媒体的主体地位，这种互联网独大的环境不利于传统媒体的发展，并给其带来了一系列生存危机。全媒体时代，尤其是新闻聚合平台以及自媒体的大量涌现对新闻创作者的权益造成了实质性的侵犯，传统媒体提供了高质量的内容，却不能够作为内容生产者获得应有的收益。当网络媒体只使用了传统媒体产出的内容标题或文字片段，并对原新闻的内容采用深度链接时，就可以轻松地分流传统媒体的受众和广告，而原有版权法律却难以对此进行规制。而且，新闻出版商也不能获得相应的利益，更无法从使用者手中获得合理的报酬，实际的权利主体得不到相应的回报。这种双方互动的不平衡性将严重损害传统媒体新闻作品的创作，从而影响整个新闻业的健康有序发展，公众的知情权也将受到严重影响。因此，新闻出版者邻接权的立法或许能够实现互联网时代传统媒体和互联网媒体之间的利益平衡，重回良性发展的局面。

除此之外，《数字化单一市场版权指令》的第十七条还加强了互联网平台的内容过滤和审核责任，即互联网平台要对上传到其网站的内容负责。该条例明确要求各互联网平台要设置一种过滤器，提前使用上传过滤器对上传的内容进行筛查，并阻止上传者上传受版权保护的内容。如若平台没有通过"上传过滤器"对侵权内容的上传进行及时制止，那么相关的网络平台就要为具体用户的侵权行为承担责任。

3. 法国的"三振出局"

所谓的法国"三振出局"法案，实际是法国的《促进互联网创造保护及传播法》，其出台的主要目的是要解决法国的音乐产业和电影产业面临的严重数字化盗版与版权侵权危机。根据《促进互联网创造保护及传播法》的要求，法国专门成立了互联网作品传播及权利保护高级公署（以下简称"公署"），公署就是"三振出局"的主要执行机构，负责"三振出局"的运行。和"避风港原则"的"通知加移除"的使用方式相似，"三振出局"也主要采用在收到权利人的侵权举报后，公署先向涉嫌侵权的互联网用户作出"第一次通知"，即所谓的"第一振"，该通知通常是以电子邮件的形式发送，这次通知主要是警示，在通知里要求侵权者立即停止侵权行为，并对法国的版权保护机制以及侵权的法律后果和责任承担方式作出简要说明；但如果侵权者在收到第一封通知函后仍然我行我素，坚决不按照通知要求断开链接或者继续实施侵权行为，那么总署会向其发送第二次通知，即"第二振"，第二次的通知函比第一次通知在语言表述上会更加激烈和严格；同样，如果侵权者收到第二封告知函后，还是继续侵权行为，则总署会开展"第三振"，将此案件直接移交法国的相应管辖法院，当法院作出侵权判决后直接通知网络服务提供商断开该侵权用户的网络链接，并保留追究该侵权用户刑事责任的权利。

法国的"三振出局"所确定的打击非法网络链接和侵权行为的路径与方式在法国的互联网版权保护过程中发挥了重要的作用，当然该法案也适用互联网新闻的转载问题，在维护法国新闻业权利人权益方面也颇有成效，值得世界上其他的国家去思考和借鉴。

4. 新加坡提倡以非诉讼方式解决纠纷

2019年8月，由联合国大会审议通过的《新加坡调解公约》（全称《联合国关于调解所产生的国际和解协议公约》）在新加坡开放签署，旨在为国际和解协议提供执行的法律框架，进一步健全了国际争议解决的调解制度，填补了国际上调解机制的空白。此国际公约不仅是对新加坡非诉讼纠纷解决方式能力的承认，更体现了国际社会方面越来越倾向于以非诉讼纠纷解决方式高效率且经济地进行调解。

从 2010 年开始截至 2019 年 10 月，新加坡关于著作权的调解案持续增加，其中有超过 30% 的案件属于著作权纠纷。2014—2018 年，世界知识产权组织的著作权相关案件数量增多了将近 10%。为了促进著作权利益人选择非诉讼纠纷这种有效且灵活的途径来解决著作权纠纷的问题，新加坡知识产权局选择与世界知识产权组织进行合作，表示在新加坡选择用非诉讼纠纷解决方式解决组织和个人的著作权纠纷，将降低其纠纷调解费率，最终使新加坡地区的权利人与使用者认识到非诉讼纠纷解决方式对解决著作权纠纷问题的独有好处。具体而言，就是可以获得实用、有效且经济的途径来解决纠纷，并且享有随时实施和解的保障（Sam Ricketson, Jane C. Ginsbur, 2014）。

新加坡推行使用非诉讼的方式来解决纠纷，与传统的诉讼解决方式比较来说，低成本也更高效，非诉讼解决纠纷的方式以鼓励当事人之间友好解决纠纷为主。中国在一些领域也越来越多地开始使用非诉讼方式解决纠纷，这不仅能够节约时间和金钱成本，还能避免诉讼给双方带来的负面影响，更方便双方今后达成合作。

2.3 新闻作品版权生态体系构建的原则

2.3.1 利益平衡原则

利益平衡理念一直都是立法领域与司法领域追求和力争实现的法律价值，利益平衡理念被视为协调各方利益主体的利益冲突，实现权利平衡的重要法律理念和原则（邓杰明，2021）。国外学者对版权法律领域中的利益平衡理念早就达成了基本相同的认识，强调版权的法律价值主要是寻求在鼓励创作者进行创作和确保公共领域的思想或观点不受版权限制的、自由传播的社会公共利益之间保持一种有机的平衡（冯晓青，2007）。中国学者也强调了利益平衡是知识产权法重要的基本精神（吴汉东，2020）。

通常来说，版权法律制度的目标是具有双重性的，首先是尊重和保护版权权利人的人身权利与财产权利，其次是促进社会公共利益最大程度地实现。要想达到并保持这种平衡，需要对以下三方面的利益关系进行协调：版权作品的权利人权益、版权作品的使用者或者传播者权益、社会公众利益。在传统的线性传播时代，上述三者之间的利益尚且能保持一定的平衡，但是由于互联网的冲击，新的传播模式不断出现，这三者的权益不仅严重失衡，而且矛盾不断、冲突加剧。互联网赋能的情况下，新闻作品的传播变得便捷且快速，新闻作品的生产者逐步丧失了对其版权作品控制的能力和盈利的可能，而超级互联网平台凭借其计算机技术、算法、深度链接等能力将新闻作品版权所有者的盈利轻松纳入囊中，使得新闻作品生产者和传播者之间的矛盾加剧，诉讼不断。另外，互联网的便捷性和交互性使得公民发表权的实现得以空前提高，人人皆是记者，人人都是传播者，这又加强了新闻作品公共性的特征，而新闻作品的版权私权属性与之冲突也随之加大，这些问题和冲突使得新闻作品的生产者、传播者和接受者打破传统的单向度传播模式，开始产生新的传播链和影响链，也影响着各自的利益和诉求（见图3）。

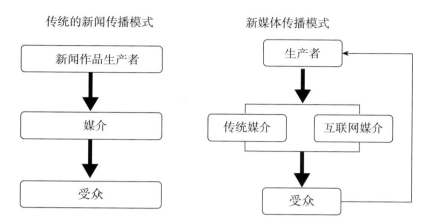

图 3　利益平衡机制下的现代传播模式

2.3.2　技术与法律制度良性互动原则

新技术的出现不断挑战既有的法律制度，面对新技术的更迭换代，法律总是滞后的，但是却不停地对技术的挑战作出各种应对。传统的版权法律制度是建立在印刷媒介的法律制度上的，现在各国的版权立法仍然保持着印刷时代的特征。但是，互联网的快速发展已经从本质上改变了传统版权法律制度的根基，变革了其需要调整的社会关系模式，因此新技术的变革对传统版权法律制度的彻底革新提出了迫切要求（孟兆平，2016）。英、美法系版权法律制度的诞生是以防止复制行为为核心内容的法律体系，而大陆法系的著作权法律体系是以权利人的权利保护为主要内容，但是权利保护的基础仍然是以权利人作品的复制权和发行权为核心要素，所以，世界的版权法体系被视为印刷时代的版权法体系。

互联网及数字技术的出现，使得作品的复制脱离了传统的印刷介质，转变为二进制代码形式，使作品的复制和传播变得迅速、快捷，作品的复制和传播进入了多元化场景。新闻作品在传统的传播环境下，采取清晰的线性传播方式，即从记者采编新闻，到通过新闻传播媒介向受众传播新闻，这时，记者采写新闻被视为新闻的生产者，出版者、广播组织、电视台被视为新闻的传播者，读者、听众和观众被视为新闻受众，传播者基本控制新闻传播的中心位置。但是在互联网环境中，传播者失去了中心位置，受众逐步向用户甚至是新闻生产者和传播者的角色转换，传统新闻传播者的中心位置被弱化，出现了互动式的循环式传播，因此，仍保留着线性传播特点的版权立法规制难以确定谁才是整体传播链中的中心，故难以全面地保护新闻创作者、传播者的权利，各方权利都处在失衡状态。所以，各国的版权立法都在积极寻求新的法律规制以适应互联网技术的发展和变革，实现利益均衡。

法律和技术是相互影响的，关注技术在推动法律变革的同时，也必须注意到其法律对技术的反作用。也就是说，虽然技术的更新换代会促进法律制度随之修正，以更好地调整新技术环境中的社会关系，但是法律制度的变革也对技术的发展方向产生影响，如开放期刊获取和知识共享协议的产生就是互联网技术和法律相互促进和相互影响的结果。

2.3.3 生态发展原则

生态发展原则起源于生态文明的概念，德国法兰克福大学政治系教授费切尔（1978）最先提出"生态文明"的概念。他指出，人类对生态文明的向往是一种来源于现实社会的紧迫需要，那些把人类的所有希望都寄托在社会无限的、直线性进步的时代很快就要终结了。一直以来，人类认为自己能够无限制地驾驭和征服自然的口号需要我们进行深刻的反思。正是由于人类与自然界和平共处、同步发展，人类生活才得以稳定并处在进步状态，所以那些无限的、直线的技术进步主义的观点需要修正。

国内学者最早提出"生态文明"概念的学者是叶谦吉教授（1987），他将"生态文明"解释为："人类既获利于自然，又还利于自然，在改造自然的同时又保护自然，人与自然之间应保持着和谐统一的关系。"（卢风，2019）1990年，李绍东教授首次将生态文明理念引入精神文明的建设中。他认为，精神生态文明应当由纯真的生态道德观、人类崇高的理想、科学的生态文化和良好的生态行为构成（李绍东，1990）。

2012年11月，中国共产党第十八次全国代表大会首次把"生态文明建设"和中国特色社会主义事业紧密联系起来，并认为"生态文明"是人类社会发展过程中所取得的精神、物质和制度成果的总和，是贯穿于环境、经济、政治、文化、社会建设的全过程、全方位的一项系统工程，是对社会文明进步的客观反映。2017年，习近平总书记在党的十九大报告中再次强调生态文明建设的重要性，他认为："人类经历了原始文明、农业文明、工业文明，生态文明是工业文明发展到一定阶段的产物，是实现人与自然和谐发展的新要求"，他强调，"建设生态文明是中华民族永续发展的千年大计。"至此，人们对生态文明理念开始入心、入脑。生态文明不仅仅指环境建设、环境生态，在政治、经济、文化等各个领域都应当植入生态文明建设，坚持生态发展理念，这是人类文明发展到高度文明阶段的必然产物和深刻认识。

生态文明建设与生态发展理念是马克思主义唯物史观和辩证法的光辉，指导我们认识物质世界和人类社会运行的本质规律，让我们深刻认识到不能单一地看待某一事物的发展，要分析事物与其他事物之间、事物与外部环境之间的关系和相互作用，任何事物都是在生态体系中不断发展和变化的。

生态发展是政治、经济、文化和社会可持续发展的基石，新闻传媒领域亦然。尼尔·波兹曼在其1968年的演讲中就提到了媒介生态学，但其核心内容是"将媒介作为环境来做研究"，在结构和互动中考察媒介，理解媒介与人类之间的互动对文化保持平衡所形成的影响。在传播学的发展和生态发展的引导下，中国学者也将"媒介生态"理念引入国内媒体融合研究领域，喻国明教授认为媒介生态是指各种媒介形式的构成要素之间、各种媒介之间，以及媒介与其所处的外部环境之间在一定社会关系中的相互关系，相互影响，以达到一种相对平衡的媒介生态（喻国明，2018）。胡正荣教授在2019年《媒体融合与智慧全媒体生态系统》中提出媒体融合的目标是建设智慧全媒体生态。

可见，生态发展原则已经成为产业持续发展的要求，将生态发展原则中相互依存、相互促进、共处共融的理念纳入新闻作品版权保护领域，使新闻生产者、传播者之间的利益达到动态平衡，形成良好的新闻作品传播生态，是新闻作品版权生态体系建设的基本目标。

2.3.4　系统观念原则

生态研究离不开生态系统的研究和构建，因为万物皆处于它所属的生态环境和生态系统中。生态系统通常是指在自然界的某一空间领域内，生物与周围环境构成了一个相对统一的整体系统，在这个统一的系统中，环境的发展变化作用于生物，同时生物的生存状态也影响着环境，它们之间相互影响、相互制约，使得这个系统能够在一定的时期内保持一种稳定的、动态的、共生的平衡状态。生态系统是开放的系统，范围可大可小。我们赖以生存的地球就是个大生态系统，而今天的人类大部分时间生活在网络空间中，网络空间也成为人类依赖的、崭新的生态系统。同理，传媒生态系统指在全球范围的自然空间和网络空间内，人、媒介和环境构成一个有机的整体，在这个有机的、统一的整体环境中，三者相互依存、相互影响、相互制约，并保持着一种相对稳定的平衡。传媒生态系统是开放的系统，但也可能形成人为的隔绝和封闭，其范围也是可大可小，一般是以民族、国家、社会为基本范畴。现代传媒的生态系统和网络空间系统几乎是重合的，信息基础设施、数字资源、媒体、媒介终端构成传媒生态系统的基础架构，人和媒体成为这个生态系统的能量与动力。

习近平总书记指出，"系统观念是具有基础性的思想和工作方法""必须从系统观念出发加以谋划和解决，全面协调推动各领域工作和社会主义现代化建设"。系统观念将作为"十四五"时期社会经济等各方面发展所必须遵循的原则，它为社会、经济等发展提供了基础性的方法论。坚持系统观念，必须加强前瞻性思考，向前展望、提前谋划，坚持系统观念是具有基础性的思想工作方法，只有从系统观念出发，才能全面协调、推动各领域工作，推进社会主义现代化建设。

所以，将新闻作品的版权问题纳入生态系统去考量，不仅思考版权法律制度本身的优劣，还要探索其与政治体制、技术应用、产业环境等方面的互动，这样才能使新闻传媒业持续健康地发展。

第 3 章 新闻作品的版权生态体系及其要素

版权是指在某些特殊领域中作者对其创作的作品所享有的权利，是作者的私权。但是随着互联网的发展，版权法律的单向度指引因受产业元素、商业模式等各种产业环境发展变革的影响而失灵，新闻作品又因其具有公共性、即时性等特征，版权保护更是受到很多挑战。单一的法律保护很难适应互联网的发展，新闻作品的版权保护应被纳入一个动态的、相互影响的生态体系中去分析，以实现新闻作品的社会价值和经济价值。

3.1 版权生态体系的内涵与特征

版权生态是版权保护和版权产业发展到一定程度的历史产物，是版权制度与政治、经济、文化等社会环境相互影响和相互促进的结果，版权生态与版权生态体系因版权受到技术变革、产业发展的巨大影响，呈现出不同的特征。

3.1.1　版权生态与版权生态体系的内涵

1. 版权生态的内涵

《现代汉语词典》将"生态"定义为"生物在一定的自然环境下生存和发展的状态"，《牛津高阶学生词典》对"ecology"（生态）的解释是"动植物相互之间及其与环境之间的关系"。而基于"生态"展开的研究"生物之间及生物与非生物环境之间相互关系"的学科被定义为"生态学"。"生态"关注的是关系和环境，它是事物存在、发展过程中与周围各种环境以及各种因素之间的相互关系（宋慧献，2006）。由此推论，不仅生物，人类社会也存在生态，即社会生态，它关注的是人类与其所处的社会环境之间的关系。

版权生态以及它们之间的相互关系也类似于此。"版权生态"，主要指版权产生和发展过程中的各种社会、文化、经济等方面的因素，以及它们之间相互影响、相互促进、相互制约的关系。宋慧献老师 2006 年在《版权生态与版权创新初论》中从制度发生学和产业发展两个层面去解释版权生态。首先，他从制度发生学与发展史的层面去考察版权生态，认为版权生态是版权法律制度的产生、变革以及发展过程中各种因素之间的相互关系。其次，他从版权产业的视角去分析版权生态，认为其本质是反映版权产业生存与发展过程中各种相关主体与客体之间形成的社会关系。也就是说，它是因版权产生及产业应用而形成的各种相互关系。在此过程中，任何层面、任何因素及其相互关系的变化，都会导致版权制度或体制上的变化，同时也会影响版权价值的实现，造成版权产业的差异（宋慧献，2006）。"版权制度生态链"和"版权产业生态链"与此一脉相承，"版权制度生态链"是从制度发生学的角度来阐释版权生态，认为版权生态链是指在版权法律制度的产生和不断修正过程中各种因素之间的关系。而"版权产业生态链"是从产业层面解释版权生态，强调版权生态是指在移动互联网产业的发展过程中版权产生并利用而发生的各种关系（王亮，2015）。

但是，当技术发展到万物互联的阶段时，再把版权生态分为制度层面和产业层面的论述略显不足，因为版权是一个国家通过版权立法赋予版权权利人的人身权利和财产权利，鼓励其进行作品传播，从而促进版权产业的发展。但是，版权立法受到技术变革、产业结构变化的巨大影响，需要修正，以调整新技术、新业态环境下的以版权为核心的各种社会关系。立法的修正直接影响了相关版权权利人的权利边界和权利行使，从而作用于版权产业，所以版权生态不应被分为版权制度生态和版权产业生态，两者是相互影响、相互促进的，是一个有机整体。

在互联网语境下，版权生态是以版权立法确定的版权权利人就其版权作品所享有的权利为核心要素，在版权权利人行使版权权利的过程中与所处的社会制度、技术发展、产业环境等因素相互影响、相互促进，从而促进版权价值实现的一个有机整体。

2. 系统理论与版权生态体系

生态是一个抽象的概念，强调生物在一定环境下的生存和发展状态，但是当需要考量具体某种生物的生存或发展问题时，需要将生态从抽象的概念中脱离出来，植入生态系统中去观察。生态系统强调的是在一定空间内，生物要素和非生物要素通过一定的物质循环、能量流动时相互作用、相互依存而构成的一个生态学功能单位（坦斯利，1935）。版权生态亦是如此，应当将版权生态植入生态系统的层面去考察。

在系统理论中，美国心理学家尤里·布朗芬布伦纳（Urie Bronfenbrenner）提出的"个体发展模型"是最具影响力和说服力的。"个体发展模型"强调个体的发展处于层层嵌套的、相互作用的、相互制约的一系列环境系统之中。在此系统中，系统之间各因素相互作用，并影响着处在系统中的个体的发展状态。布朗芬布伦纳在其生态系统理论中将环境或周围的自然生态比作"一组嵌套结构，每一个嵌套在下一个中，就像俄罗斯套娃一样"。也就是说，独立的个体处在诸如家庭这样的直接环境到周围的社会文化等间接环境的若干环境系统的中心位置，或者被各个环境系统嵌套在其中，这些不同层级的环境系统主要包括宏观系统、外层系统、中间系统和微观系统。每一系统作用或者反作用于其他系统，并对身处其中的个体进行直接或间接的、单向的或交互性的作用，影响个体发展过程中很多重要的方面。

布朗芬布伦纳的生态系统理论突出强调影响儿童发展的不同水平和类型的环境效应，而版权生态发展与其既有相似之处，也有不同。其相似之处在于，版权生态核心内容是指版权主体在各国版权立法的框架下行使其权利，遵守其义务，并促进版权产业的动态发展，但这种发展受制度、产业、技术、司法等多种不同的外在因素的影响，并相互制约。与布朗芬布伦纳生态系统理论不同的是，版权生态环境要素之间并不是完全从内向外的嵌套结构，而是从外向内的层次结构。另外，版权生态的研究比自然界生物生存或人类儿童成长的生态环境和生态要素之间的关系更为复杂，版权生态不仅受所处版权环境的影响，还受社会、政治、经济等更多因素的影响，所以在研究版权生态要素、环境及其相互影响、相互作用的过程中,"版权生态体系"的表述更为科学和严谨。

根据上述分析,版权生态体系主要包括外部层、中间层和核心层(或内部层),外部层各要素之间相互影响,并通过中间关系层作用于核心层各要素,核心层各要素彼此之间相互作用并反作用于外部层。

3.1.2 版权生态体系的构成特征

因为版权的私权特征,从其诞生之日起就要受到法律的保护和确权,故英国的《安娜法案》首次确定了对作者权益的保护,但是由于法律体系和法律传统不同,版权保护制度也有一定的差异,所以版权生态体系构建的基础是版权的法律体系。又因为法律体系不同、保护的主体和权利范围不同,造成了不同的版权产业环境,产业在制度保障和技术革新下不断发生变化,导致法律制度也要进行相应的修正,以适应产业和技术的变化。所以,版权生态构建的特征与社会技术进步、产业革新、国家体制、法制体系密不可分,这是版权生态体系的基础考量和运行保障,是版权生态的外部层。

然而,版权法属于综合性的法律,从《安娜法案》可窥一斑。首先,《安娜法案》的全称为《为鼓励知识创作而授予作者及购买者就其已印刷成册的图书在一定时期内之权利的法》,法案里的"购买者"是指从作者那里购买其所创作的书稿并将该作品印制成册向社会传播的印刷商和书商,而不是指图书的购买者。另外,《安娜法案》在序言中明确指出:立法的目的主要是防止某些印刷商在未经作者同意的情况下就对其他印刷商已经印制成册的图书进行非法印刷、翻印等复制行为,或者未经作者的同意直接出版作者的作品。其次，该法案是为了鼓励那些具备一定文化素养和知识能力的人去创作出更多对社会有益的作品。最后，《安娜法案》明确作者是第一个对作品享有权利的人，这种权利应当受到该法的保护。可以看出，世界上最早的一部版权法案并不只是保护作者权利，在保护作者权利的基础上还保障出版者或者书商对其印制与发行的图书享有翻印、出版、出售等专有权。同时，大陆法系的版权立法更是强调对作品传播者的保护，增设了表演者权、录音录像制作者权、广播电台和电视台的相关权益保护，中国的版权法更是从 1990 年在国际版权和邻接权立法体系基础上增加了出版者权。因此，版权生态是一个综合性的保障和互动体系，其内部生态应在作者、传播者、传播媒介及版权许可等方面实现良性互动，这是版权生态的核心内容，即内部层或核心层。

所以，版权生态体系是以系统的发展观去要求体系中的各种层级及层级要素之间既相互影响、相互制约，又能在相互制约中保持一种动态的平衡，既能发挥个性又能保持共性，其终极目标是让系统内的各要素都能进入良性循环的发展。

3.2　新闻作品版权生态体系的构成

与普通版权作品相比，新闻作品的版权更具特殊性，因为新闻的公共性和社会性属性，新闻作品的版权生态体系更为复杂。新闻作品的版权生态体系不仅要保障新闻作品权利人的利益、新闻传播者的利益，还要保障社会公众对新闻的知情权，所以新闻作品版权生态体系的生存既要考量新闻作品权利人的版权，还要赋予新闻传播者邻接权，并尽可能地保障社会公共利益。而这些要素之间的平衡状态又受到其所处的新闻体制、版权规制、产业发展、技术变革等外部环境因素的影响。所以新闻作品版权生态体系的要素呈现出多样化、层级性的特征。

在布朗芬布伦纳的生态系统理论中，个体发展的环境被划分为微观系统、中间系统、外层系统和宏观系统。其中，家庭、同伴、学校、网络要素被纳入微观系统，各微系统之间的联系或相互关系被纳入中间系统，父母的工作单位、学校管理部门、邻里社区、网络类型被纳入外层系统，于以上三个系统中的文化、亚文化和社会环境被纳入宏观系统（Bronfenbrenner & Evans，2000）。对比布朗芬布伦纳的系统划分以及前述版权生态体系的论述，将新闻作品的版权生态体系划分为核心层、中间层、外部层，并根据版权生态体系在社会环境中的重要性、差异性与新闻作品的关联程度，以及其在整个版权生态体系中所处的位置，将新闻作品的版权主体、使用者、版权许可模式以及版权传播方式归纳为核心层要素，中间层是外部层各要素之间的关系，而外部层主要包括版权法律制度、技术革新、产业结构和新闻体制（见表1）。

表 1　新闻作品版权生态体系与布朗芬布伦纳的生态系统的要素比较

新闻作品版权生态体系	要素	布朗芬布伦纳的生态系统	要素
核心层	版权权利人	微观系统	家庭
	版权使用者		同伴
	许可模式		学校
	传播渠道		网络

（续表）

新闻作品版权生态体系	要素	布朗芬布伦纳的生态系统	要素
中间层	外部层要素之间的关系	中间系统	各微系统之间的关系
外部层	版权法律制度	外部系统	父母的工作单位
	技术革新		学校管理部门
	产业结构		邻里社区
	新闻体制		网络类型
		宏观系统	文化和社会环境

综上，新闻作品的版权生态体系以新闻作品为中心，把不同的版权权利人、传播者及其权利使用者联结为一种结构性存在，其存在方式受新闻体制、版权规制、产业结构、技术变革等外部环境因素的制约和促进，形成一种动态的、有机的、相互依存、相互影响的运行机制（见图4）。

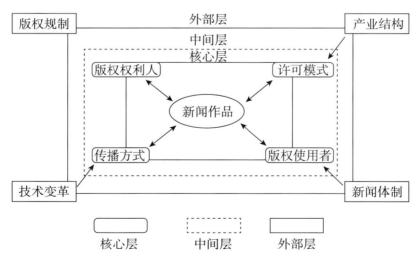

图4 新闻作品版权生态体系建构图

3.2.1 外部层：体制与产业等方面的宏观考察

新闻版权生态体系的外部层是指那些对新闻作品版权保护及许可模式的发展变化产生重要影响的外部要素，主要包括新闻体制、版权法律制度、产业结构和技术革新四大要素，这些要素相互作用、相互影响。

从新闻传播活动的发端来看，人类的生存与文明发展始终有新闻传播活动相伴随。新闻传播是社会发展的普遍需要，尤其是一定社会阶级的需要。在阶级社会中，所谓的"社会需要"往往会表现为一定阶级的需要，即一定阶级维护自身经济利益和政治利益的需要。在封建社会，报刊的存在和发展同封建统治者的阶级管控需求与其对信息传播的许可及限制的程度有直接关系。中国唐代的邸报就是为了适应中国封建统治者的需要而产生的，其主要目的是传达朝廷文书和相关信息，以便于加强其封建集权统治。对民间报纸，封建统治者则往往采取限制政策。宋代出版的非官方小报，虽然在民间很受欢迎，但由于其传播内容常有违禁情况，不符合统治者意愿，因而经常受到处罚，生存环境十分困难。为了维护中央政府的权威，宋代建立了统一的官方信息发布制度，并成立了负责新闻发布的"都进奏院"，随后又确立了发报前审查制度——定本制度。以后历代对邸报的管制，虽主管部门不同，但基本上沿袭了宋代的制度。宋代的"定本制度"是典型的报纸审查制度，而且民间报刊直至清代始终受到政府的严厉查禁，难以得到自由发展。

在西方，1455年古登堡印刷术快速在德国和欧洲地区传播，很多地方建立印刷所，但是英国、德国、法国同样建立了严格的印刷管控制度，使得报刊的发展困难重重。英国1559年的相关法案确定了印刷许可证制度，1586年的星法庭更是给了皇室统治者及大主教以极高的权力去监督、管控和销毁具有冒犯性内容的印刷品，所以这段时期的报刊发展极其缓慢。呼吁出版自由和新闻自由成为新兴资产阶级革命的口号,新闻自由理论在资产阶级革命胜利后产生和发展起来,法国、英国、美国都将新闻自由写进宪法,使得新闻自由有了国家根本大法的保障。随着资本主义商品经济的快速发展,各种商品经济和产业发展都加强了人类之间和国内国际之间的交流与联系,这种社会关系的加强催生了人类对国内和国际的政治、经济、文化等各类信息的需求,这也为新闻传播业的发展营造了经济环境。从 19 世纪 30 年代起,欧美一些资本主义国家的报业为适应自由经济发展的需要,大力发行价格低廉的大众报刊,报业进入大众化发展阶段。这种大众报刊的目标受众是普通市民,它们用低价格换取发行量,从而吸引大量的广告并获取高额的商业利润。为适应读者的需要,报纸内容和报道形式不断更新,内容越来越丰富,范围也越来越广泛。

无产阶级新闻事业的产生和发展,同无产阶级及其政党在一定时期的斗争需要紧密相联。正是无产阶级反对资产阶级、实现无产阶级解放事业的需要,催生了无产阶级及其政党的新闻事业,并促进了它的不断发展。

另外,印刷术在欧洲普及传播之前,手抄新闻是人类传播信息的主要形式。15 世纪初,在意大利的威尼斯出现了近代报纸的雏形——手抄小报。一个多世纪后,由于印刷术的传播和普及,1566 年在这里又诞生了印刷报纸——《威尼斯新闻》(郑保卫,2007)。随后,1609 年德国出版了《报道与新闻报》,英国(1622 年)、法国(1631 年)、美国(1690 年)、俄国(1702 年)也相继出现了近代印刷报纸。技术的进步为新闻产业的发展提供了越来越先进的传播手段,继印刷技术出现后的电子技术、电报技术、无线电技术为新闻传播产业更快速地发展保驾护航,使得报纸、广播、电视这三种传播媒介成为新闻产业的基石。然而，20世纪末，被称为"第四媒介"的互联网闪亮登场，它以前所未有的速度引发了传播领域翻天覆地的革命，其传播速度快、承载容量大、交互性强等特征，使新闻传播业大踏步地迈向更加快速、更加高效、更趋多样化、多元化的广阔领域。面对互联网技术的冲击，以传统媒体为主导的新闻传播格局被打破，因此传统媒体必须转变产业结构，以适应互联网的发展。

综上所述，新闻传媒业得以逐步发展，是因为在不同的社会体系和国家中居于主导地位的统治阶级总是根据自己的政治和社会管理的需要，通过制定新闻监管政策或法律规范去控制新闻传媒业的发展方向。所以，版权生态体系的建立需要先考量国家层面的法律制度、新闻体制情况。同时，新闻传媒业的形式及其传播方式又受到技术进步的巨大影响，新闻产业的产业结构也受到技术变革的推动，版权生态的核心动能是技术革新导致媒介变革，从而影响相应的产业结构。

3.2.2 中间层：层级关系的中观辨析

版权生态体系中间层是指版权体系外部层各要素之间的联系或者相关影响的关系。如果外部层之间有较强的、积极的联系，版权生态发展可能会实现优化。例如，如果版权法律制度为了适应技术的革新而不断进行修正，以调整新的产业关系，那么整个外部层就是良性互动的。这种良性互动会对核心层各要素的发展起到积极的影响，但是如果版权法律关系与技术发展无法达到良性互动，那么就无法调整产业结构改变所带来的新的产业主体、消费主体为应对市场供给能力、市场消费能力的变化而产生的新的社会关系，这时，版权体系的中间层就是非良性互动的，这种非良性的关系和环境必然直接影响版权生态体系的核心层各要素以及各要素的关系，使得整个版权生态处在失衡状态。

外部层通过中间层强调对核心层要素之间围绕核心内容所形成的关联、匹配与有机衔接，外部层需要中间层的沟通和连接——沟通下方，向上传达。

3.2.3　核心层：主体与使用者等方面的微观透视

新闻作品版权生态体系的最里层是核心层，指新闻作品的版权主体依据法律确定的相关许可对版权权利人进行的版权许可模式，但是这种许可模式受新闻作品传播方式的相应影响。

新闻作品的版权及使用方式从《伯尔尼公约草案》的审议到若干次的修正就能体现出其争议：版权权利人在法律明示的作品类型、许可方式下可维护其作品权利，权利使用者也应当在法律框架下使用新闻作品。在纸媒时代，这种新闻作品的权利人可授权使用人使用其新闻作品的版权。可是随着不同媒介形式的出现，传播方式发生了巨大的变化，尤其是互联网技术给传统的线性传播方式带来颠覆性的影响时，传统的许可模式也受到巨大影响，新闻作品版权权利人无法有效行使其版权权利。

印刷时代的版权法律制度已经不适应互联网的新闻传播方式，从而使新闻作品版权权利人和使用者的利益失衡。所以，在互联网环境下如何平衡新闻作品权利人和使用者之间的关系是最突出和重要的问题，如德国的《附属版权法案》和欧盟的《数字化单一市场版权指令》都赋予了新闻出版者以新型的邻接权，以调整传统媒体和商业平台之间的关系。可见，在传播方式变革的情况下，版权权利人和使用者的许可方式与利益分配机制是平衡权利人和使用者的核心内容，只有制定适应技术变革和新型传播方式的许可制度才能促进版权核心层良性发展与互动。

3.3 新闻作品版权生态体系及其要素

3.3.1 新闻作品版权生态体系的外部层要素构成

一国的新闻体制决定着这个国家的产业结构，产业结构因受技术变革的影响而发生各种变化，进一步作用于新闻版权立法。而版权立法又要以国家体制、产业结构、技术内容等为基础进行资源配置和社会关系的调整，从而促进版权产业发展。它们之间相互影响、相互制约，共同构成新闻版权生态体系外部层的主要内容，并通过中间层的连接，对新闻作品版权生态体系的核心层产生影响。

1. 新闻媒介体制

新闻媒介体制是新闻作品版权生态体系外部层中非常重要的一个要素，新闻媒介体制植根于各个国家独具特色的社会制度，决定着新闻传媒业的产业结构、运行机制和发展方向。

弗雷德·西伯特（Fred S. Siebert）、西奥多·彼得森（Theodore Peterson）和美国伊利诺伊大学教授威尔伯·施拉姆（Wilbur Schramm）于1956年发表的新闻传播学著作《报刊的四种理论》对新闻媒介的比较分析有显著影响，他们强调："媒介总是带有它所属社会和政治结构的形式与色彩，尤其是反映一种调节个人与社会关系的社会控制体制。了解社会的这些方面，是了解传媒的基础。"他们将媒介体制划分为四种，每种都有一个相应理论作指导：一是集权主义理论。这种理论出现于 16—17 世纪，这一理论的主要目的是维护统治阶级的统治地位，贯彻执行政府的政策，报刊的功能和活动均由政府机构所控制。二是自由主义理论。这种理论产生于 17—18 世纪，在它的指导下，报刊的作用就是报道新闻、提供消遣娱乐材料、为经济发展服务、监督政府活动，并协助解决社会问题。三是社会责任理论。它产生于 20 世纪 50 年代的美国，认为自由是伴随着义务的，大众传播应是自由的、不受限制的，但又应对社会负责。社会责任理论下的大众传播媒介的职能，基本上与自由主义理论相同。四是苏联的共产主义理论。作者站在资产阶级立场上，认为苏联的传播媒介被作为党和国家的工具来使用，其报刊是与政府合为一体的。在这一理论指导下，传播媒介的主要任务是保证社会主义制度能够取得成功，能够巩固，为国家各项目标服务（Siebert Peterson and Schramm，1956）。

但是，《报刊的四种理论》在追溯其源头时，西伯特、彼得森和施拉姆所列举的国家基本上是美国、英国和苏联。他们采用的是美国回溯自由至上理论和社会责任理论，以及英国的回溯集权主义理论、苏联的回溯共产主义理论，但却忽略了全世界媒介体制的多样性。丹尼尔·C.哈林、保罗·曼奇尼在《比较媒介体制》研究框架的基础上，以比较分析的实证研究法对 18 个国家进行分组研究，于 2004 年发表了《比较媒介体制：媒介与政治的三种模式》。他们结合媒介市场结构、政治平行性、新闻专业主义的发展及国家干预媒介体制的性质和程度等层面推出三种媒介体制模式，分别是极化多元主义模式、民主法团主义模式以及自由主义模式（丹尼尔·C.哈林、保罗·曼奇尼，2012）。极化多元主义模式的特征是媒介的商业化表现不强，媒介被纳入了政党政治，国家的主导作用强大；自由主义模式的特征是市场机制和商业性媒介的相对支配性；民主法团主义模式的特征基于极化多元模式和自由主义模式之间，其媒介既具有商业化的特征，也保持着与其社会、政党或者政治团体之间的密切联系，国家的角色比较活跃，但是又受到某种程度的限制（丹尼尔·C.哈林、保罗·曼奇尼，2012）。

两部关于媒介体制的著作虽有所不同，但是都强调了媒介体制发展的类型与政治体制的某些关键特征之间存在重要关联，政治体制的特征或多或少直接体现在媒介结构中。所以，在考量新闻版权生态的过程中，首先要界定的就是媒介体制，媒介体制影响着新闻事业发展的方向和路径，这是新闻版权生态的基础。

2. 新闻作品版权制度

如果说新闻体制决定着新闻的产业结构，那么新闻版权制度就是新闻作品版权的生命线，是新闻版权生态的基础；如果某个国家将全部新闻作品排除在版权保护体系外，那么所谓的新闻作品版权生态便成了无源之水。

《伯尔尼公约》作为世界上第一部版权公约，为相关作品的版权保护给出了最低的保护标准和一般性规定，新闻内容也不例外。如前所述，《伯尔尼公约》第二条第八款明确规定其给予的版权保护不适用"单纯消息报道性质的每日新闻或各种事实"。《伯尔尼公约》的规定将单纯的新闻或各种事实排除在版权保护的客体之外，因为这类内容缺少独创性，并不具备作品的要件。但《伯尔尼公约》同时强调，如果新闻采写者或者新闻采访记者在其创作的新闻报道、新闻评论的作品中体现了充分的智力劳动成果，使得其创作的作品独创性显著，甚至可以达到文学艺术作品的创新程度，则公约予以保护。《伯尔尼公约》虽然确定每日新闻、各种事实不属于公约保护的客体，但是刊登在某一报纸上的每日新闻等新闻内容也不能被其他的报社随意进行抄袭或复制，遇到这种未经许可的盗版行为，首次刊发新闻的报社可以根据《反不正当竞争法》向盗用行为的报社提起诉讼。

《伯尔尼公约》确定的新闻版权保护制度只是一般性规定，各个国家依据自己国家的政治体制、法律体系、版权立法渊源、新闻产业环境等不同，采取的保护立法也是有很大区别的。

纵观各国的立法例，大陆法系国家和英美法系国家对新闻作品的版权保护有很大的差异。以英国、美国为代表的英美法系国家对新闻作品没有特殊规定，只要达到该国版权法对"一般作品"保护的条件即可受到保护。但是英国版权法第79条对作者的精神权利作了例外规定：为特定目的之合理使用，只要其与通过录制品、电影或广播的方式报道相关时事新闻，其作者的身份权不受保护。而美国一直强调客观事实、原始新闻本身是不能受到法律保护的，但是对客观事实、客观事件所做的具有创新性的表达则是受版权保护的。

以德国为代表的大陆法系国家基本沿袭了《伯尔尼公约》关于新闻的立法原则，德国《著作权法》第四十九条第二款规定，对发表在新闻报刊或者广播电台的"每日新闻"进行复制、传播以及其他的公开再现行为不受任何限制。除"每日新闻"外，德国《著作权法》对"涉及政治、经济、宗教时事"的"特殊新闻作品"进行了权利的限制，发表这些新闻的报刊如果没有事先的"权利保留"声明的话，其他类似报纸、新闻纸都可以对其进行复制、传播或其他形式的公开再现。意大利《著作权法》关于"政治、经济或者宗教时事"文章的版权限制基本和德国《著作权法》采用了一致的立法思想，但是，意大利《著作权法》第65条要求，转载时事新闻的报纸或期刊应当标明新闻来源的报纸、期刊的出版日期、刊号等信息；如果被转载的新闻作品有作者署名的，还应当保护作者的署名权。日本《著作权法》第10条第2款强调，只是传达事实的杂文和时事报道，不属于作品的范畴。同时，日本作为典型的大陆法系国家，也采用了和德国、意大利相同的特殊新闻作品权利限制的立法模式，即允许对"关于政治、经济、社会的时事问题的评论性"文章进行合理使用，如果刊发此类新闻的报社、期刊社没有事先禁止转载的声明，其他的报社、期刊可以进行转载、播放，或者自动传播（通过现有公共电信线路连接的自动公众传播服务器，已可实现用户上传信息的公开传播），同时，日本《著作权法》将关于政治、经济等新闻报道中具有学术性质的评论排除在"版权限制"之外，对其进行全面版权保护。法国强调报刊提要不受法国《知识产权法典》的保护。

可见，英美法系和大陆法系国家对新闻作品的版权保护都有自己的立法脉络和立法主张，但是不同的法律制度必然会对新闻出版业的发展产生不同的影响，尤其是新闻作品转载过程中的付酬机制对各大媒体之间的利益分配起着决定性作用（见表2）。

表2 两大法系关于新闻的版权立法制度

法律体系	国家	是否排除单纯消息或每日新闻	有无新闻作品的权利限制或合理使用
英美法系	美国	否	无
	英国	否	有
大陆法系	德国	是	有
	法国	是（报刊提要）	无
	意大利	否	有
	日本	是	有

3. 新闻传媒领域的产业结构

产业结构是整个新闻传媒业的市场结构问题，属于新闻作品版权生态体系中非常重要的一环，包括新闻传媒业准入者的影响、市场供给能力、市场消费能力、产品替代品和市场竞争程度及其变化（胡正荣，2011）。新闻信息活动虽然古已有之，但是新闻传播作为一项社会性产业的出现，作为一种有组织的，并具有一定规模和系统的、目标明确的社会报道活动的产生，却是社会生产力高度发展、社会化程度显著提高的产物。新闻传媒业从最初的报业，发展到包含广播、电视的传媒产业、快速发展的信息产业，再到以创新为核心的版权产业（见图5），产业结构受到社会发展、技术更新的巨大影响。同时，它也反作用于版权制度，使版权立法不断调整，以适应产业结构不断变化所带来的多种社会关系。

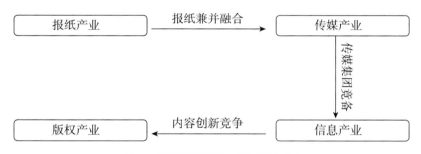

图 5 新闻传媒领域的产业发展变迁

1）报业产业

英国、法国等国家在取得了资产阶级革命胜利后，终于结束了来自皇室或宗教严格的印刷出版管控时代，进入政党报纸时期。19世纪30年代"廉价报纸"的出现，使真正意义上的大众传播找到社会根基，报业得以迅速发展，报纸创办者开始以营利为目的来扩大报纸的发行量，报业进入产业化发展阶段。

19世纪末，随着资本主义由自由竞争走向垄断，报业也通过兼并、联合、重组形成集团化经营实体的现象，那些资本强大的大型商业集团，尤其是金融寡头，开始关注并进入报业，通过其资本力量促进报业之间的兼并和融合，形成资本主义报业垄断化的趋势。从20世纪30年代开始，美国摩根、洛克菲勒等大型金融资本财团逐步进入报业，成为集金融、工业、报业及其他文化企业在内的超大型的垄断财团。另外，随着世界经济领域大跨国公司的发展，在新闻传播领域也出现了一些新的跨国传媒集团：从澳大利亚一家普通的《阿德莱德日报》起家的默多克"新闻集团"几乎控制了美洲、欧洲、亚洲、大洋洲等几十个国家和地区的150多种报纸；排在美国报业集团第一位的汤姆森报业集团曾拥有160家日报、70家周报。

2）传媒产业

广播和电视先后于20世纪的20年代和30年代出现，就广播而言，基于其无线频道和广播资源的公共性、稀缺性，大部分国家最初建立的都是公营广播，如英国广播公司（BBC）就被视为为社会公共事业服务、通过国家特许的公共经营广播媒介，其职责是服务全民，最大限度地保障社会公共利益，以及公共广播体制执行严格的执照管理制度。20世纪80年代以来，为了促进竞争、提高效率，形成相互补充和制衡的产业格局，单一的公共体制逐渐被公共与商业并行的双轨制所取代，这也成为大多数西欧国家广播电视体制发展的主流趋势（胡正荣，2011）。而美国从广播出现就采用民营体制，广播电视业的私有性和产业性是美国广播电视业的典型特征，也正因为这个原因，美国的广播电视业快速发展，也影响到了其他广播公共性的国家。从20世纪50年代起，呼吁广播电视民营化的声音越来越多，广播公共性导致的节目质量下降、体制僵化等问题备受诟病，迫于压力，1953年和1961年英国放开电视和广播的资源，对民营资本准入，随后，很多其他国家也相继开放民营广播电视。

自此，传媒产业化的征程大踏步前行，出现了报社集团、广播电视集团跨内容、跨业态的资源整合，报业集团开始并购广播电视企业，广播电视集团也不再单向发展，开始兼并报业集团，综合性的传媒集团大量涌现并成为传媒产业的主要存在形式。1996年，美国《电信法》的修正更是促使了新闻传媒业与其他相关产业的融合发展。在美国的影响下，欧洲同样出现了新闻传媒业与其他产业的并购浪潮。默多克集团在拥有了澳大利亚悉尼电视第十台、墨尔本电视第十台、安塞航空公司50%的股权后，还涉足了音乐产业和电影产业，并购欢乐唱片公司和电影公司，在它的麾下，既有久负盛名的英国天空电视台、美国的福克斯电视网、香港的亚洲卫视福克斯电视台，还有美国电影界的大腕级电影公司——二十世纪福克斯电影公司。

3）信息产业

随着互联网的发展，新闻传媒业结构也开始有了新的突破，以美国为代表的国家进入信息产业发展阶段，1937年，美国在"北美产业分类标准"中正式设置了新的二级产业：信息业，并将信息业定义为"生产、分发信息及文化产品的行业"，确定信息业包括新闻出版、通信、计算机甚至是银行等多个部门。而且美国充分认识到信息产业的重要性，将信息产业列为美国的支柱性产业，予以政策上的大力支持，至此，互联网技术加持下的新闻传播业迈向了信息产业的发展阶段，产业结构发生了巨大的变化。

4）版权产业

1990年，美国国际知识产权联盟率先使用了"版权产业"概念，精确地计算以版权和版权保护为核心的产业，以及其相关产业对美国经济总产值的贡献与其在国际版权贸易中的地位。新闻出版业作为文化产品的主要生产行业，创作出大量独创性的新闻作品，处在版权产业的中心位置，是版权经济贡献率的主要占比。同时，这种以经济贡献率为客观标准反映产业发展的方式，可以清晰地呈现该产业的市场就业能力、市场产出能力、市场消费能力、市场竞争程度等产业发展问题，其优越性得到很多国家的关注。20世纪70年代后期，澳大利亚、德国、瑞典、英国、加拿大等国家开始陆续对版权产业及版权产业经济贡献率进行研究和采用，以此去评价版权产业，尤其是以创新为核心的内容产业在本国经济发展中的作用，去修正和调整相关的政策，打造相对开放、公平的自由市场，让包括新闻业的内容产业得以健康发展。

4. 新闻传媒领域的技术革新

新闻传媒业的发展离不开技术的支持。技术的发展是人类发展永恒的主题之一。正是靠传播技术的不断发展与进步，人类信息传播方式和生活方式千百年来发生了根本性的变化。尤其是20世纪以来，新闻传媒领域的技术不断创新，使得新闻传播领域发生了巨大的变化，每次技术的变革都给新闻传播的方式、内容、形式带来巨大的挑战，影响着新闻传媒业的生态环境，促进相关法律的变革和修正，以适应新的社会关系。

新闻传播领域历经了五次重大革命。

第一次是印刷术的出现。1544年或1545年在德国出现的古登堡印刷术很快在欧洲国家得到传播和普及，大量的印刷所得以建立，使得图书、小册子等内容可以进行大规模的复制，为大众报刊的发展奠定了技术基础。

第二次是广播与电视的出现。广播和电视被视为电子传播技术，它们主要依赖于无线电技术的推广，并借助电波调配技术以及图像传输技术的进步得以迅速发展。

第三次是计算机技术以及卫星通信技术的出现和应用。这两种技术在很大程度上提高了广播、电视、报纸的传输速度，极大地扩展了其传播范围，使得广播电视普及化，其使用人群迅速赶超印刷媒体，所有计算机技术和卫星通信技术被视为人类发展史上伟大的技术革命。计算机的应用缩短了采编工作人员的工作流程，提高了工作效率，使得信息传播突破了区域和地域限制，国际传媒集团和国际通讯社开始逐步发展起来。

第四次是互联网的出现。互联网的发展和普及使得国家开始重视信息高速公路的建设。互联网技术与多媒体技术彻底颠覆了传统的报刊、广播、电视等媒体，转变为线性传播道路，开启了互动式的网络传播方式。可以说，互联网引发了传媒领域的大地震，互联网将取代传统媒体、特别是纸质媒体的讨论不断出现。"报纸将不复存在"等论断就是对互联网的快速、高效、交互性等特征最大的认同。

第五次是数字化革命。数字化革命是指计算机的发明与通信设备等的快速普及。在数字化革命下诞生了新的技术，其中包括以计算机为核心的数字化处理技术，如人工智能、大数据和云计算等，还有以通信设备为核心的数字化传输与存储技术，如 5G、物联网等。相较于信息化革命，数字化使得传媒互联网业的内容生产、应用与分发模式被彻底改变（见图 6）。

麦克卢汉的"媒介即讯息"强调了媒介在社会中的地位与作用。无论是印刷媒介、电子媒介，或是网络媒介，每一种媒介技术的兴起都会改变信息传播的方式，改变人们的生活方式，改变人们思考的习惯，改变人们认知事物调用的感官比例。媒介技术的变革，必然会对新闻媒介的体制、规范新闻传播的法律规制以及整个传媒产业结构带来相应的影响和变化，这些要素之间彼此影响，彼此作用，构成新闻版权生态的外部环境，可谓是牵一发而动全身。同时，它们的相互作用和相互制约也影响着新闻版权生态核心层各要素之间的关系和走向。

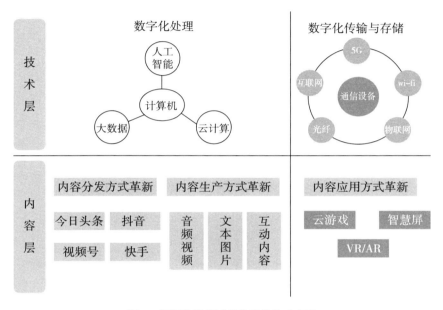

图6 新闻传媒领域的数字化技术应用

3.3.2 新闻作品版权生态体系的核心层要素构成

传统的版权理论主要是以保护作品权利人的相关权利为主要内容，以大陆法系的版权立法为例，强调保护作者权，不仅赋予了作者诸如复制权、发行权、改编权、翻译权等传统的版权权益，随着传媒技术的发展，还增设了录音录像权、表演者权、广播组织者权等邻接权，当互联网技术迅速发展，传统的传播方式被数字技术所取代时，各国立法纷纷探讨信息网络传播权的适用。所以，版权生态体系的法律制度、技术变革等外部因素直接作用于版权内部生态要素及要素之间的关系，整个版权法律体系都是围绕版权权利人的权利设置、传播者的权利保护、版权使用者的使用行为法律边界来展开的，所以探讨版权内部生态及其要素，主要围绕版权权利人、版权使用者、作品传播方式、版权许可模式等几个要素展开。

1. 新闻作品的版权主体

新闻作品的版权主体处于新闻版权生态核心层里的中心位置，核心层要素之间的关系都是以版权主体为中心点展开的，版权主体即版权权利人依据版权法律制度规定的版权许可模式将新闻作品的版权权利授权给版权使用者，版权使用者得到授权许可后，依据作品的性质进行不同渠道的分发和传播。所以，在整个新闻版权生态的核心层要素中，首先厘清版权主体的概念和外延是非常重要的。

新闻作品的版权主体主要指新闻作品的版权权利人，根据各国立法不同，新闻作品的版权主体包括创作新闻作品的作者、新闻法人单位或其他非法人组织、相关继受者以及国家。因为社会关系的复杂性，作品的创作也比较多元化，按照版权法的基本要义，即谁创作了作品谁享有版权，但是在创作过程中可能会出现合作创作、委托创作、演绎创作等创作形式。根据创作过程中的工作属性，一些职务创作和法人创作的作品也会出现在版权立法领域，新闻作品亦如此，尤其是数字化和多媒体技术的应用，一些人工智能新闻、长视频或者短视频新闻形式不断出现，其版权主体也呈现出复杂性的特征。

通常情况下，在确定新闻作品版权主体时，可以采用普通作品形式的版权归属去确定新闻作品的版权主体。在没有将新闻作品纳入职务作品领域的大多数国家立法中，新闻文字作品、新闻摄影作品的创作者即被推定为新闻版权主体；而通过翻译、改编等方式创作的新闻作品，翻译者和改编者也被视为新闻版权主体，但不能侵犯所翻译或改编的在先新闻作品的版权；广播、视频等新闻节目的生产方式比较复杂，这时采用视听作品版权归属的国际规则，广播电台或电视台通常被视为版权主体，其摄影、脚本创作者、播音员一般只享有署名权。而有的国家由于受到互联网的冲击，将新闻作品纳入职务作品领域，在这种情况下，普通的文字作品和摄影作品的版权都属于创作者所在的报社或通讯社，新闻作品的创作者只享有署名权。

由此分析，在互联网技术环境下，报社、期刊社、广播电台或电视台掌握了大多数新闻作品的版权，为其参与版权许可和网络授权打下了良好的基础。

2. 新闻作品的版权传播方式

随着五次传播技术的革命，新闻内容的传播渠道也由口语传播到印刷、广播、电视、互联网等多种媒介形式的扩展，出现了传统媒体、网络媒体、新媒体等不同的媒介形式和新闻传播方式，而每一种传播方式都影响着新闻版权作品的价值实现，也影响着新闻受众的信息获取。

现在，所谓的传统媒体的表述是相对新兴的互联网媒体和大量的自媒体而言的，是一种相对的表述概念，主要包括报刊、广播、电视等媒体，也就是长期处在新闻信息传播主流位置的"三大媒体"。这三大媒体各有优缺点：报纸因受版权的限制，其内容承载量有限，再加上其采写、编辑、印刷、发行过程复杂，费时费力，新闻的时效性难以保证，且由于纸质媒体的发行地域性特征，使得报纸在网络媒体的冲击下优势式微；广播和电视虽然在时效性上比报纸优越得多，但是广播和电视的节目安排机制使得听众和观众在获取新闻信息时受到时间和空间的巨大阻碍。而且，这三大媒体的共同特征是单向的、线性的传播机制。作为新闻生产者的报刊、广播电台和电视台，通过报纸、广播和电视媒介传播新闻，但受众只能单向接收，缺乏反馈和互动的渠道，难以参与热点事件的讨论。由于无法在这三大媒体上发表言论，互联网的互动性、开放性点燃了受众的热情，导致传统媒体大量用户流失。

而网络媒体以其特有的信息加工处理技术实现了信息传播的即时性和互动性，打造了新的新闻传播领域，包括新闻类网站、社交网络、论坛、邮件列表、自有网站门户（公司或单位官方网站）等多种信息传播方式，在短时间内迅速发展成为新闻传播主阵地。但是，这种传播方式不是任意增长的，在信息传播过程中，仍需要遵循版权规则，这就是新闻版权生态体系构建的难点和要点。

3. 新闻作品的版权许可模式

新闻传媒业由于具有典型的产业属性，可以通过公众，尤其是消费者传播商品和服务信息，为企业塑造良好的形象，进而实现盈利。传统的新闻传媒业大都具有企业性质，所以在运营模式上有着和其他企业相同的运营模式，即"设计＋生产＋销售"型的经营模式（见图7）：传统新闻单位通过设计新闻产品、加工新闻稿件、制作新闻广播节目或电视新闻节目等方式生产新闻，并将其销售给新闻读者获取发行收入；将报纸版面或者广播、电视播出时间销售给广告客户，获得广告收入。

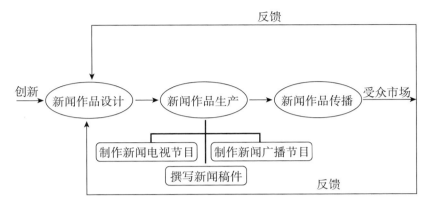

图 7 传统新闻单位"设计+生产+销售"型的经营模式

但在互联网环境下,受众通过纸质媒体获取新闻内容越来越少,大部分受众转移到互联网,导致传统媒体将报纸版面销售给读者以获取发行收入的模式受到巨大冲击,广告收入也持续下降,所以传统媒体除了保留原有的经营模式外,还需加强新闻作品的版权许可。因为互联网媒体不生产新闻,而是转载新闻,而新闻单位的新闻作品具有典型的版权属性,互联网应当先从传统媒体那里获得相应的新闻作品版权许可,然后才能在网络空间传播信息,获取流量和广告收益。传统媒体向新闻聚合平台或者网络媒体的授权许可方式主要是新闻作品的复制权或者信息网络传播权,并收取相应的报酬。在这种许可模式下,传统媒体才能得到相应的盈利,以弥补其广告的下滑和受众的流失。所以说,在互联网视角下,传统媒体的盈利模式发生了巨大的变化,其盈利模式主要为通过版权许可和版权转让、转载的法定许可去实现新闻作品的广泛传播,实现新闻作品的销售,以获取财产收益,并保障新闻作品的著作人身权。

4. 新闻作品的版权使用者

在传统的线性传播模式引导下，新闻出版单位生产和传播新闻作品，读者以购买报纸、收听电台节目或者收看电视新闻等方式获取新闻信息，所以在传统媒介环境下，新闻作品的版权受益者为读者、听众和观众，而读者、听众和观众只需支付价值不高的对价就能获得报纸、广播和电视提供的新闻信息与服务，这些报社、广播电台和电视台主要依靠读者、听众和观众投入的注意力来获取其他企业的广告收入。新闻作品的版权许可只存在于这些传统媒体的内部，即传统媒体间的相互转载，这种情况下，转载别人作品的二次作品使用者即为新闻作品版权使用者。由于新闻的公共属性，大部分国家都将新闻转载纳入法定许可的领域，新闻转载单位或者新闻版权使用者在新闻作品转载后，须向权利人支付相应的转载费用。

但是，当新闻传播进入互联网时代，网络用户的数量迅速增加，传统的读者、听众和观众开始向网络空间转移，受众不再是被动的信息接受者，而变成了主动选择信息的"信息选择者"。他们不再是大众传媒可以轻易影响的对象，他们变成了新闻服务的购买者，他们由读者、听众、观众转变为受众。受众对新闻信息的巨大需求，使得传统的新闻作品生产者和传播者分离。而新闻网站和新闻平台则成为新闻信息和新闻作品的传播者，它们传播新闻但不生产新闻。所以，它们在传播新闻的过程中与新闻生产者之间形成了版权许可关系，那么就应该遵守"先授权后转载"的规制。新闻网站和新闻聚合平台等互联网媒体是最大的新闻版权使用者，故其对新闻作品的版权态度、授权机制的接受度在很大程度上影响着新闻作品创作者的创作热情、盈利空间和生存状态，两者相互影响、相互制约。

另外，大量自媒体的出现，使新闻受众在获取新闻信息的同时开始传播新闻信息、评论新闻信息，甚至开始创作新闻信息，这时，传统新闻的线性传播模式完全被打破，新闻版权用户融信息生产者、传播者和使用者于一身，用户和受众的界限被打破，形成了围绕新闻内容的"聚合用户"。

新闻版权使用者的多元化转变必然会反作用于新闻作品版权权利人，二者需要在利益平衡的机制下实现良性互动。

第 4 章　中国新闻作品版权生态的问题分析

受互联网的冲击，中国的新闻作品版权生态面临着失衡的问题。中国特色的社会主义新闻要求主流媒体首先要承担正确舆论导向的社会责任，中国的《著作权法》虽有变革，但还是保留了很多印刷时代版权立法的内容，因此传统媒体打起新闻作品版权保护的旗帜。而新兴互联网媒体一边和传统媒体合作，一边特立独行，建立自己的信息高地，这些问题都影响着中国新闻作品的版权生态。所以，如何让中国新闻作品的版权生态进入良性发展、各要素之间相互促进，形成良性的新闻传播舆论场，是非常重要且迫切需要解决的问题。

4.1　中国新闻作品版权生态外部层问题分析

中国自今日头条等聚合新闻平台诞生以来，传统媒体开始面临巨大的挑战。传统媒体和新媒体之间在内容生产和传播过程中的冲突不断，传统媒体为了维护自己的权益和市场地位，开始进行行政和刑事等维权诉讼。国家层面也出台相应法律措施维护传统媒体的运营，但是新闻版权生态仍面临着科学技术飞速发展带来的新生产和创作方式与著作权法适用之间的矛盾，以及中国新闻体制下，传统媒体和互联网商业平台对新闻内容版权资产的归属、使用和配置之间的巨大争议。我国的《著作权法》在全面调整新闻生产、新闻传播方式和用户接收新闻方式上面临一定的困难，新闻和新闻作品版权保护边界不清晰，版权付费机制的传媒市场面临挑战。同时，中国对新闻采访权的管控使得时政类新闻内容相对垄断，导致新媒体非时政内容海量呈现，新闻作品版权链呈单向循环，授权规模巨大，但是相对分散，无法有效实现新闻作品的版权价值。

4.1.1 中国新闻作品的版权规制

中国版权立法沿袭了大陆法系国家的版权法律理念，对新闻内容给出了不同的保护路径：主要包括单纯事实消息的版权保护排除、时事性文章的版权限制以及新闻作品的全面保护。不同的新闻客体获得不同程度的版权保护，使得新闻业在版权转让过程中出现了边界不清的情况，为新闻作品的版权保护、维权都带来了困难。另外，2020年的《著作权法》将报社、期刊社、通讯社、广播电台、电视台的工作人员创作的作品纳入特殊职务作品的范畴，在一定程度上影响了传统媒体新闻从业者的创作热情，使得新闻作品版权生态外部环境出现不稳定的发展态势。

1. 时事新闻与单纯事实消息

由于《伯尔尼公约》和大陆法系的大多数国家都将日常新闻排除在版权法保护的客体之外，中国1990年的第一部《著作权法》即遵循国际公约的基本立法准则，将时事新闻列为不受其保护的客体范畴之内，2001年的《著作权法》和2010年的《著作权法》的两次修订均保持了"时事新闻"不受《著作权法》保护的立法理念和传统。然而，对于"时事新闻"的界定、范围等问题在版权法学术研究领域和司法领域一直都存在一定的争议，尤其是互联网商业传媒平台的出现，对一些传统媒体的新闻未经授权直接转载的情况越来越多，关于时事新闻的边界讨论也逐渐增加。版权行政管理部门和法院在执法时强调，满足作品保护条件的时事新闻是受《著作权法》保护的，但是由于法律条例的界定不明，在具体司法实践中还是容易存在误解（阎晓宏，2020）。因此，2012年3月31日，国家版权局拟定并公布《著作权法（修改草案）》（下称《修改草案》），《修改草案》第九条第二款直接回复了学者长期以来备受争议的"时事新闻"的界定问题，将其确定为"通过报纸、期刊、广播电台、电视台、网络等媒体报道的单纯事实消息"，即那些对事件发生的时间、地点、人物、内容等基本要素进行最基础报道的"单纯事实消息"不受《著作权法》的保护。次年，《中华人民共和国著作权法实施条例》（下称《著作权法实施条例》）正式公布，该条例第五条第一款直接沿用了修改草案中对"时事新闻"的立法解释。2020年11月11日，历经9年的《著作权法》第三次修订终于被审议通过，其第五条明确《著作权法》给予的保护不适用"单纯事实消息"，以法律的形式确认了"单纯事实消息"属于不受中国《著作权法》保护的客体内容（见表3）。

表 3　中国关于"单纯事实消息"的立法路径

时间	立法文件	不受著作权法保护内容
1990 年	《中华人民共和国著作权法》	时事新闻
2001 年	《中华人民共和国著作权法》	时事新闻
2002 年	《中华人民共和国著作权法实施条例》	报纸、期刊、广播电台、电视台、网络等媒体报道的单纯事实消息
2010 年	《中华人民共和国著作权法》	时事新闻
2012 年	《中华人民共和国著作权法修正草案送审稿》	报纸、期刊、广播电台、电视台、网络等媒体报道的单纯事实消息
2020 年	《中华人民共和国著作权法》	单纯事实消息

历经10年的关于"时事新闻"和"单纯事实消息"的立法争议终于尘埃落定，但是2020年的中国《著作权法》对"单纯事实消息"的规制比《修正草案》和《著作权法实施条例》又做了扩大的解释，将"报纸、期刊、广播电台、电视台、网络等媒体报道的"界定词删除，只使用"单纯事实消息"。这一扩大解释将公民日常的所见所闻及对周围突发事件的即时分享和传播行为排除在法律保护范畴外，更符合新闻事件多元化报道和传播的趋势。

但是，中国《著作权法》对"单纯时事消息"的特征以及与其他新闻作品的区别并没有给出明确的界定，从具体司法判例中可窥一斑。司法判决意见中所体现的"时事新闻"或"单纯事实消息"的判例原则对进一步明确"单纯事实消息"的概念边界给出了可参考的内容。在句法案例上以"新闻作品""时事新闻""单纯事实消息"为关键词搜索"2015—2023"的司法判例，相关判例有436起，在涉诉的新闻作品著作权侵权案件中，司法判定为"时事新闻"和"单纯事实消息"的仅有5起案例。

司法判例中的"时事新闻"或"单纯事实消息"强调其报道形式仅涉及该事件的基本构成，而且使用最简明的语言和文字，具有较强的即时性。如果新闻报道者仅使用最简明的语言文字对某一新闻事件涉及的时间、地点、内容等最基本要素作出报道，而任何第三人对该事件的报道基本会采用相同或相类似的表达，则该新闻报道属于"单纯事实消息"。另外，几乎所有的判例中对"单纯事实消息"的认定均没有按字数标准或者字数比例去判定"独创性"，都以"有"或者"没有"等概况性的表述去判定新闻报道的"独创性"（孙迪，2021）。这种"有"或者"没有"的主观判定缺少一定的权威性，在司法判例中，互联网商业传播平台会利用"单纯事实消息"的非版权性来进行转载行为的抗辩，存在立法和司法依据不明晰的立法情况。

2. 时事性文章的版权限制

由于新闻内容的公共属性，从中国 1990 年的第一部《著作权法》开始就对"社论、评论员文章"进行了著作财产权利方面的限制，而2001 年的《著作权法》、2010 年的《著作权法》和 2020 年的《著作权法》则保持了对"时事性文章"财产权利的限制，对人身权利进行保护的立法准则。

1990 年，中国第一部《著作权法》第二十二条第四款规定："报纸、期刊、广播电台、电视台刊登或者播放其他报纸、期刊、广播电台、电视台已经发表的社论、评论员文章，可以不经著作权人许可，不向其支付报酬，但应当指明作者姓名、作品名称，并且不得侵犯著作权人依照本法享有的其他权利。"

中国 2001 年的《著作权法》第二十二条第四款将"已经发表的社论、评论员文章"修正为"已经发表的关于政治、经济、宗教问题的时事性文章",并增加了但书条款,即"作者声明不许刊登、播放的除外",保障了新闻媒体或新闻记者的意思自治原则,体现了立法的进步。

2006年的《信息网络传播权保护条例》第六条第七款扩大了时事性文章权利限制的范围,从"在传统的报纸、期刊、广播电台、电视台发表"延伸到"在互联网上发表"的时事性文章,说明立法关注到了互联网这一新的传播领域(见表4)。

表4 中国对时事性文章的立法路径

立法时间	立法文件	受到权利限制的新闻内容	但书条款
1990年	《中华人民共和国著作权法》	其他报纸、期刊、广播电台、电视台已经发表的社论、评论员文章	无
2001年	《中华人民共和国著作权法》	其他报纸、期刊、广播电台、电视台等媒体关于政治、经济、宗教问题的时事性文章	有
2006年	《信息网络传播权保护条例》	向公众提供在信息网络上已经发表的关于政治、经济问题的时事性文章	无
2010年	《中华人民共和国著作权法》	其他报纸、期刊、广播电台、电视台等媒体关于政治、经济、宗教问题的时事性文章	有
2020年	《中华人民共和国著作权法》	其他报纸、期刊、广播电台、电视台等媒体关于政治、经济、宗教问题的时事性文章	有

纵观时事性文章的立法脉络,也是充满了困难和挑战。在1990年的《著作权法》中,对"社论、评论员文章"的权利限制明显范围过大,不利于激发记者的创作热情,也不利于保护记者和媒体的财产权

益。因此，2001年的《著作权法》修订时即将其修改为"时事性文章"，但何为"时事性文章"，其概念和范围如何界定，又成为困扰学者和从业人员20多年的难题，而且中国《著作权法》的几次修订、司法解释、司法判例都没有给出明确的范式。但是，传播阵地的转移、传播范式的转变，使未经授权而被转载的新闻作品的纠纷越来越多，那么，对"时事性文章"的界定就显得尤为重要。很多学者或参与相关司法审判的法官都尝试着给出解释，其中最高人民法院副院长唐德华经过多年的司法判例给出的定义接受度较高，他将"时事性文章"作出缩小化的解释，认为其类似于官方文件，是党政机关为某一特定事件而发表的文章，通常情况下，这些文章都是代表国家的意志，主要宣传党或国家的重大政策、决议，因而需要深度地、广泛地传播报道，以达到上传下达、广为人知的目的（唐德华，2003）。而蒋强法官则对此作了扩大性的解释，认为"时事性文章"是对"最近发生的国内外政治、经济、宗教领域的大事"的报道和评论（蒋强，2011），他认为时事新闻也应纳入时事性文章的范畴。

为了进一步明确"时事性文章"的概念和边界，对聚法网上2015年到2023年关于时事性文章的436起司法判例做了归纳和汇总（见表5），其中，武汉中财信息产业有限公司与人民网股份有限公司侵害信息网络传播权纠纷一案中的判决表述值得借鉴：时事是指最近期间的国内外大事，时事性文章是指新闻记者在对上述国内外大事进行报道时采用了夹叙夹议的方式对所报道事件加入了相应的议论、评价等内容，使得读者对事件的发生过程、影响有了较为全面的认识，这类报道通常应具备时效性和重大性两大显著特征。

综上，"时事性文章"在本质上区别于"单纯事实消息"，不是对事件的简单描述，而是有议论有观点，属于有独创性的新闻作品范畴，但

表5　中国司法判例中对"时事性文章"的界定 ①

序号	裁判文书号	司法判例中对时事性文章的界定
1	（2017）粤 0604[1]	为宣传党和国家在某一时期就经济、政治、宗教等重大问题上的方针政策而创作
2	（2017）湘 0104 民初 1283 号[2]	"时事性文章"应当具备时效性和重大性
3	（2016）鄂武汉中知终字第 00055 号[3]	"时事"是指"最近期间的国内外大事"。"时事性文章"是指在进行时事报道的同时夹叙夹议地对"时事"进行描述、评论，其语言为严谨、理性、客观，其内容与当前受到公众关注的政治、经济、宗教问题有关，应同时具有时效性和重大性两大显著特征
4	（2019）青民终 71 号[4]	对政策解读或延伸报道的新闻稿件应该是时事新闻的延伸，包括在时事性文章范畴之内

因其是为宣传党和国家在某一时期就经济、政治、宗教等重大问题上的方针政策而创作，是以宣传为目的，所以对其财产权利进行必要的限制是符合国家治理需要的。

但是 2001 年、2010 年、2020 年的《著作权法》都对"时事性文章"做了但书的保留，即"作者声明不许刊登、播放的除外"，因为互联网

---

① 本表所涉及的 1、2、3、4 案例分别为"广州交互式信息网络有限公司与佛山市顺德区阳光城市文化传媒有限公司著作权权属侵权纠纷案""北京三面向版权代理有限公司与湖南大集房地产顾问有限公司侵害作品信息网络传播权纠纷案""武汉中财信息产业有限公司与人民网股份有限公司侵害作品信息网络传播权纠纷案"及"北京全景视觉网络科技股份有限公司与青海日报社侵害作品信息网络传播权纠纷案"。

商业传播平台的拿来主义，对"时事性文章"的合理使用（权利限制）成为网络新兴媒体侵权抗辩的法宝，加上时事性文章的界定困难等多种因素，导致现在很多传统主流媒体在对时事性文章的态度上都进行了保留，加入"未经许可，不得转载"的保留条款，使得立法目标与新闻现状背离。

另外，2001 年、2010 年、2020 年的中国《著作权法》都只强调了"其他报纸、期刊、广播电台、电视台等媒体"的权利限制，没有把"网络媒体"加入，只有 2013 年的《中华人民共和国著作权法（修订草案送审稿）》里将媒体范围扩展到网络，其第四十三条第四款第一次用"报纸、期刊、广播电台、电视台、网络等媒体"的立法表述，将对时事性文章的合理使用扩展到互联网，但是 2020 年的《著作权法》又将"网络"两字删除，可见传统媒体和网络媒体就新闻内容的博弈一直在进行中。

3. 报刊转载的法定许可

关于报刊转载的法定许可是典型的印刷时代《著作权法》的特征，其规定作品刊登后，其他报刊可以不经新闻作品著作权人的许可直接将已经发表的新闻作品作为文摘、资料进行刊载，但是法定许可也有两个条件限制：其一是作品被转载后，转载报刊应该向被转载报刊支付报酬；其二是著作权人声明不得转载的除外。报刊的法定许可制度在中国 1990 年的《著作权法》中就有体现，主要是为了促进新闻内容的广泛传播，免除了先授权后使用的版权许可程序。

然而，当互联网转载成为可能，法定许可的边界问题就成了讨论的重点。

2000 年，中华人民共和国最高人民法院通过司法解释的方法将报刊转载的法定许可首次延展到互联网络领域。但是，2001 年的中国

《著作权法》的修订并没有延续法定许可在互联网上的适用规制，2002年，最高人民法院的司法解释仍尊重2001年的《著作权法》立法精神，没有延续法定许可的互联网扩张。2003年，最高人民法院再次修订《关于审理涉及计算机网络著作权纠纷案件适用法律若干问题的解释》，重申并确立了2000年司法解释的法律精神，明确作品转载摘编的法定许可可扩展到互联网（彭桂兵，吴基祥，2019）。但是，随着传统媒体对今日头条等新闻聚合平台的集中诉讼，2015年4月17日国家版权局发布了《关于规范网络转载版权秩序的通知》（以下简称《通知》），该通知对中国立法与司法上关于网络转载的冲突问题给出了明确的、方向性的规范。《通知》第一条特别强调，互联网媒体转载他人作品必须坚持"先授权，后转载"的版权许可模式，并在转载过程中保护作品权利人的署名权，表明作品来源，指明作品名称。除此之外，《通知》第二条还对报刊之间的法定许可进行了重申，特别强调作者的权利保留声明和转载付费两项法定许可的限制性条件。《通知》对法定许可的是否适用于互联网媒体给出了明确且清晰的解释，强调不管是报刊单位与互联网媒体之间的相互转载，还是互联网媒体之间相互转载都不能适用法定许可（见表6）。

表6 中国对报刊法定许可的立法路径

立法时间	立法文件	法定许可是否适用互联网
1990年	《中华人民共和国著作权法》	否
2000年	《关于审理涉及计算机网络著作权纠纷案件适用法律若干问题的解释》	是
2002年	《关于审理著作权民事纠纷案件适用法律若干问题的解释》	否

（续表）

立法时间	立法文件	法定许可是否适用互联网
2003年	《关于审理涉及计算机网络著作权纠纷案件适用法律若干问题的解释》（修正）	是
2010年	《中华人民共和国著作权法》	否
2015年	《关于规范网络转载版权秩序的通知》	否
2020年	《中华人民共和国著作权法》	否

可见，中国报刊转载法定许可制度在是否可以扩展到互联网空间，存在巨大的争议，其立法过程相当曲折。中国的《著作权法》需要结合具体的新闻媒介发展趋势作出适当调整，需要以利益平衡机制考量传统媒体和互联网媒体之间的权利义务关系，将其纳入版权生态体系中，寻找可持续发展的路径。

4. 个人作品到职务作品的转变

由于传统媒体和网络媒体的版权侵权诉讼越来越多，传统媒体在提起诉讼时，不具备诉讼主体资格，在诉讼过程中，需要就单篇文章一一得到新闻作品版权所有人（撰稿人、记者等）的授权。同样，在传统媒体向互联网商业媒体平台进行版权授权转载的过程中，也没有权利许可的主体资格。可见，中国《著作权法》面临着协调传统媒体和网络媒体之间的利益平衡问题，以及著作权人和其所在的媒体单位之间的利益平衡问题。

纵观各国立法例，对新闻作品的版权归属也有着不同的立法规范，英美法系和大陆法系就新闻个人作品、雇佣作品还是职务作品有着明显的差别。英美法系认为，如无相反的、明确的书面合同的情况下，雇主对雇员的作品就享有权利。其采用的是"作者推定"原则，如《美国版权法》第 201 条（b）规定，在雇佣作品中如无相反的合同证明，雇主则被推定为作者，享有该作品的所有版权。而大陆法系的《版权法》是作者中心主义，坚持创作者即作者的原则，认为职务作品的著作权为原作者所有，但其所在工作单位能够依据法律条文的规定或者是基于明确的合同约定，获取部分或全部的著作财产权，又或者有排他性行使的权利（孙新强，2014），如《法国知识产权法典》（2009 年 6 月 12 日 2009-669 号法）第 L.132~136 条规定："新闻职业记者或者参与新闻创作的相关人员，除非与雇主间有协议表明著作权归属为雇主，否则，无论作品是否已出版，新闻职业记者或者参与新闻创作的相关人员享有排他性的使用权。"而《英国版权法》对新闻作品作了特殊的规定：表明作者或导演身份的权利不适用于"任何以报道时事新闻为目的而创作的作品"以及"报纸、杂志或者类似期刊，或者百科全书、词典、年鉴，或其他参考用途的集合作品"。即时事新闻的作者不享有署名权，报纸作为集合作品也不享有署名的精神权利。

中国在职务作品著作权归属问题上，采用了大陆法系关于职务作品的立法原则，保障作者的主体地位，并强调作者权益的保障，规定了一般职务作品和特殊职务作品，2020 年前的《著作权法》都规定，只有"工程设计图、产品设计图、地图、计算机软件等"属于特殊职务作品，其著作权归创作者所隶属的法人单位所有，创作者只享有署名权和奖励获得权。而"工程设计图、产品设计图、地图、计算机软件"等特殊职务作品以外的作品都属于一般职务作品，著作权由创作者享有，法人或者其他组织享有业务范围内的优先使用权。因此，在 2020 年《著作权法》修订前，新闻作品是典型的新闻记者为完成新闻单位的工作任务所创作的作品，属于一般职务作品，而不是特殊职务作品，著作权由新闻记者享有。

但是为了适应媒介融合的发展，畅通传统媒体和网络媒体之间的协作，2020 年，中国《著作权法》第十八条第二款对新闻作品的权属做了巨大的变更，将"报社、期刊社、通讯社、广播电台、电视台的工作人员"创作的职务新闻作品归到特殊职务作品的行列中，创作新闻作品的新闻记者、作者只享有署名权，而署名权以外的其他著作人身权和财产权由法人或者非法人组织享有。这种立法层面的变更在传统媒体的授权和维权上起到了一定的积极作用，有一定程度的影响。

4.1.2　中国新闻体制下的新闻内容监管与限制

中国特殊的新闻体制决定了新闻作品版权立法的方向和目标，从而影响着新闻采访权的归属；新闻内容的表达与限制，是中国新闻作品版权生态的基础要素。

1. 新时代中国特色的新闻体制

新闻体制或者媒介体制与政治体制之间的关系是密切的，根据丹尼尔·C.哈林、保罗·曼奇尼的《比较媒介体制：媒介与政治的三种模式》中对极化多元主义模式、民主法团主义模式和自由主义模式的划分，中国属于多元主义模式，即媒介被整合进政党政治较强、商业性较弱的历史发展中。中国是典型的社会主义国家，坚持中国特色社会主义道路，坚持党的领导是新闻事业的基本原则，是新闻媒介发展的根本方向，这项基本原则与其他与新闻媒体相关的法律法规、部门规章、规范性文件一起构成新闻媒体的法律体系（陈欢，张昆，2015）。可见，新闻体制决定了新闻媒体的法律规制内容和方向，是新闻作品版权生态体系外部环境中的基础性要素。

中国新闻体制的独特之处就是"中国特色社会主义","中国特色社会主义"的新闻体制作为一种新型新闻事业的标志,决定了它必须担负特殊的政治使命和任务。首先,作为党和政府的耳目喉舌,中国的社会主义新闻事业担负着宣传党的政治纲领路线、方针政策,宣传马列主义,宣传社会主义建设新成就、新经验的任务。中国的新闻单位主要职责就是做好新闻舆论宣传工作,习近平总书记强调,"党的新闻舆论工作是党的一项重要工作,是治国理政、定国安邦的大事"。新时代坚持和发展中国特色社会主义,需要新闻舆论工作者充分发挥作用,自觉承担起自己的使命和任务,更好地构筑中国精神、中国价值、中国力量。

其次,作为人民群众了解国家大事、提出批评建议、进行舆论监督的参政议政平台,中国的新闻事业还担负着反映人民群众的利益和要求、报道人民群众的劳动和生活、提供人民群众所需要的各种信息服务、帮助人民群众行使各种民主权利的任务。

另外,社会主义新闻事业在努力完成党和人民赋予的宣传报道任务的同时,还要积极谋求自身的发展,要在事业管理和企业经营方面不断改革创新,要善于调整市场机制来配置资源、组织生产和调节新闻传播中的供求关系,努力增强自身实力,壮大社会主义的传媒产业,使之既能成为国家"软实力"的组成部分,为提升国家的文化竞争力和舆论影响力发挥重要作用,同时又能作为国家"硬实力"组成部分,为增强国家的经济发展和宏观竞争力发挥自己的作用。

中国的新闻体制是在党的领导下具有中国特色的新闻体制,新闻媒体单位要坚持正确的舆论导向,始终把社会效益放在首位。同时遵循市场规律兼顾经济效益。受到各种新媒体冲击的传统新闻单位必须求变、求存,革新新闻报道理念,寻求新的生态角色定位。

2. 传统媒体的新闻采访权

关于新闻采访权的性质，一直以来都存在着"权利"和"权力"之争，美国第三任总统托马斯·杰斐逊认为，"自由报刊应该成为对行政、立法、司法三权起到制衡作用的第四种权力，采访报道权是第四种权力"，但是这种说法一直受到质疑，大多数学者认为新闻采访权本质上还是一种"权利"，一种社会权利或是政治权利。

西方国家的新闻记者是专门以从事新闻报道和评论为职业的工作者，是实践新闻自由权利的特殊群体，享有《宪法》赋予普通公民的所有权益。西方媒体对新闻记者的权益达成共识：新闻记者权益来源于公民的基本权益，是宪法权益的延伸；国家承担不侵犯公民新闻自由的义务并且保障它不受其他侵犯（叶文芳，2013）。

随着中国法制的完善，对新闻记者及其权益保护也有明确的法律依据。首先，中国《国家人权行动计划（2009—2010）》中明确了中国公民的基本人权权利范围，强调中国公民享有知情权、参与权、表达权和监督权。其次，2007年颁布的《中华人民共和国政府信息公开条例》（以下简称《条例》）也对公民的知情权、法人或者其他组织的信息获取权给出了进一步的保障，《条例》在提高政府工作透明度、促进相关行政单位依法行政等方面发挥了重要作用。2009年修订的《新闻记者证管理办法》明确了新闻记者证是新闻记者职务身份的有效证明，确定新闻记者持新闻记者证的采访活动是职务行为。可见，中国以较为完善的立法体系全面保护了公民的参政权、表达权、监督权和知情权。要实现中国《宪法》保障的公民参政权、表达权和监督权，其首要任务就是实现公民的知情权。公民知情权的实现植根于新闻工作者的采访和报道，新闻工作者的采访权、报道权是公民知情权的延伸，但中国并没有以任何立法的形式表明记者享有某种特殊的权利，所以中国记者所享有的权利也只是一种特殊形式的公民权利，同西方国家没有本质的区别，是权利（right）之权，而非权力（power）之权，是一种与义务相对应的权利，而不是具有国家强制力的权力（叶文芳，2013）。

但是，同西方新闻自由体制下任何个人和组织都有获取、传播新闻信息的自由不同，中国的新闻采访权必须是新闻机构编制内或者经正式聘用、专职从事新闻采编岗位工作、并持有新闻记者证的采编人员，即新闻记者从事的新闻采访活动，非新闻机构组织及人员不得以新闻采访为名开展活动。也就是说，中国的新闻记者采访权只能由新闻单位的采编人员行使。《新闻记者证管理办法》对新闻单位的概念也给出了明确的界定：中国的新闻单位是指经国家有关行政部门依法批准设立的境内报纸出版单位、新闻性期刊出版单位、通讯社、广播电台、电视台、新闻电影制片厂等具有新闻采编业务的单位。其中，报纸、新闻性期刊出版单位由国务院新闻出版行政部门认定；广播、电影、电视新闻机构的认定，以国务院广播电影电视行政部门的有关批准文件为依据。《新闻记者证管理办法》中的新闻单位以传统的报社、期刊社、广播电台、电视台媒体为主，新闻记者的采访权受到保护，这是国家以行政法规的形式确认了传统媒体新闻记者的职务采访权，各级人民政府及其职能部门、工作人员应为合法的新闻采访活动提供必要的便利和保障。

2005年，《互联网新闻信息服务管理规定》（以下简称《规定》）中将互联网信息服务分为两大类：其一是新闻单位的互联网信息服务；其二是非新闻单位的互联网新闻信息服务。与此相对应的新闻信息服务平台也自然分为两类：一类是新闻单位网络平台，另一类是非新闻单位的商业网络平台。而非新闻单位的商业网络平台在提供新闻信息服务时，应当转载、传播中央新闻单位或者省市直属新闻单位发布的有关政治、经济、军事、外交等社会公共事务的报道性新闻或评论性新闻,以及对社会突发事件的报道性、评论性的时政类新闻信息,不得登载自行采编的新闻信息,也就是说,非新闻单位的商业网络平台没有时政类新闻信息的采编权。

尽管传统媒体受到新兴网络媒体的巨大冲击,但是由于对时政类新闻报道优势,传统媒体若积极改变报道形式,变革传统思维,在全媒体环境下坚守舆论宣传阵地仍可持续发展,这是传统媒体面临的挑战也是使命。

3. 新闻作品内容的限制

中国对新闻内容的监管首先和国际统一限制原则保持一致,即对危害国家安全、社会稳定、未成年权益,侵犯他人隐私权、名誉权、荣誉权、著作权等内容进行限制,除此之外,中国对新闻内容的限制还具有典型的社会主义新闻体制的特征。

中国对新闻内容的限制一般以《出版管理条例》中的"禁载十条"为基础,《报纸出版管理规定》《图书出版管理规定》《期刊出版管理规定》《广播电视管理规定》《音像制品管理规定》《互联网信息服务管理办法》《网络出版服务管理规定》等不同管理范围的部门规章都对相关领域内容作了基本相同的禁载规定,大致可以归纳为以下四大内容:一是反对社会主义基本原则、危害国家安全、泄露国家机密,从而损害国家荣誉或国家利益的;二是破坏民族团结、宣扬不恰当的宗教活动或迷信活动的;三是散布或传播淫秽色情、暴力等内容,从而破坏社会秩序、影响青少年健康成长的;四是散布虚假信息或诽谤他人,侵害社会公共利益或他人合法权益的。

中国 2021 年 12 月 15 日发布的《网络短视频内容审核标准细则（2021）》在传统的禁载内容规范上，针对短视频传播速度快、影响面广等传播特征增加了以下监管内容：歪曲贬低民族优秀文化传统的内容；恶意中伤或损害人民军队、国安、警察、行政、司法等国家公务人员形象和共产党党员形象的内容；美化反面和负面人物形象的内容；宣扬封建迷信，违背科学精神的内容；宣扬不良、消极颓废的人生观、世界观和价值观的内容；渲染暴力血腥、展示丑恶行为和惊悚情景的内容；展示淫秽色情、渲染庸俗低级趣味、宣扬不健康和非主流的婚恋观的内容；侮辱、诽谤、贬损、恶搞他人的内容；有悖于社会公德、格调低俗庸俗、娱乐化倾向严重的内容；不利于未成年人健康成长的内容；宣扬、美化历史上侵略战争和殖民历史的内容，以及其他违反国家有关规定、社会道德规范的内容，共计 100 条，可被视为"最严格的互联网内容管理办法"，这也反映出中国新闻传媒内容监管的全面性，体现了中国社会主义的新闻体制特征。

面对网络空间的开放性、自媒体内容的多元性，传统媒体在坚守新闻内容底线的同时重新发挥议程设置的功能，引导舆论营造清朗网络空间是新闻作品版权生态的目标。

4.1.3 中国新闻传媒产业结构

中国新闻传媒业在近 10 年内发生了过去 50 年都未曾发生过的密集变化，从传播渠道的变化、交互模式的变革、受众人群的变迁到商业模式的巨变，都给新闻传播业带来了巨大的冲击。中国的数字电视用户从 345 万到 1.88 亿的增长，共用了 10 年时间；而直播平台用户数量从 0

发展到 1.5 亿，却只用了 2 年。① 中国互联网络中心（CNNIC）的数据显示，截至 2024 年 6 月我国网络直播用户规模达 7.77 亿人，占网民整体的 70.6%。互联网新媒体的野蛮生长给传统媒体带来巨大的挑战和困难，从长视频到短视频，内容生产门槛迅速降低；从电视台广播到点播再到互联网用户直播，实时、互动带来全新体验和参与方式；从电视到手提电脑，从手机到平板电脑，便捷性进一步提升，智能手机已经成为人体的延伸，出现在人类生活的各个场景中。中国的新闻传媒产业结构经历了巨大的变革，呈现出媒介形态社交化与平台化、新闻报道去中心化、市场竞争高度化、媒介融合化等趋势，这在很大程度上改变了新闻从业者之间的利益关系和社会关系，需要版权法律积极调整，以适应它的发展与变革。

1. 新闻获取社交媒体化

随着社交媒体的大量出现，用户不仅通过社交媒体进行日常的信息交流和沟通，也越来越多地通过社交媒体获取新闻信息，中国的新闻媒体格局正在发生不断的变化，新闻获取环境明显有别于过去的新闻获取渠道。大众获取新闻的渠道多种多样，包括电视、平面媒体、电台、社交媒体；根据个人年龄、居住地等各方面的差别，选择的渠道也有所不同，并且正在逐年变化。工信部公布的数据显示，截至 2024 年 10 月末，5G 移动电话用户达 9.95 亿户。此外，根据中国互联网络信息中心（CNNIC）发布的第 54 次《中国互联网络发展状况统计报告》，截至 2024 年 6 月我国网民规模近 11 亿人，其中网络新闻用户规模约为 7.6 亿人，占总体网民的 69.51%。上网人群的

---

① 阿里云研究中心. 智能时代的传媒变革与发展.

用户结构也不再以高知识人群为主，而呈现出全民化的特点。随着5G时代的来临，人们阅读新闻资讯的方式已经发生变化。微信、微博、抖音等新兴网络媒体已经成为中国网民获取信息的主要来源和途径。2024年11月发布的《CMS第七次短视频用户价值年度调研报告》显示，在新闻内容获取上，短视频平台成为用户最为集中的渠道选择。79.2%的短视频用户经常通过短视频平台获取新闻，较2023年增长了18.8%；其次是微信（67.9%）、资讯网站/客户端（58.4%）（见图8）。

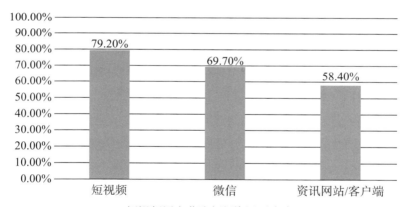

图8　2024年短视频用户新闻内容获取来源分布

社交媒体成为中国网络用户获取资讯的主要渠道，微博、微信等社交类平台的媒体属性逐步加强。社交圈和社交链条已经成为新闻信息传播的重要渠道。其中，公共社交链、个人社交链在信息传播中起着越来越重要的作用，其辐射能力和传播速度远远超过了传统媒体，在很大程度上改变了传统媒体的议程设置方式，使传统媒体的话语权逐渐式微，以社交关系为中心的信息传播流有着非常稳定而且高频的辐射率和到达率。另外，由于微信、抖音等社交平台的图文、视频属性突出，使得媒体用户更加倾向于获取沉浸性、现场参与性等媒体信息，根据《中国新媒体发展报告（2020）》，中国有 54.6% 的用户对新闻资讯和新闻产品是否伴有视频、音频、直播等可视化多媒体内容的表达形式非常关注和重视，而对传统的图片、文字内容关注度比较低。由此可见，中国的新闻传播社交媒体化已经形成并逐步发展，那么传统媒体和主流媒体必须在变中求生存，在变中求发展。

2. 新闻报道去中心化

在互联网出现以前的传统媒体占主导地位的新闻传播时代，报纸、杂志、广播、电视既是新闻报道的主体又是新闻内容的传播者。然而，各大新闻聚合平台、社交媒体的大量出现，信息的采编、加工，以及传播几乎实现同步，并且在很多关于突发事件的报道中，第一时间提供事实现场情况的已不单单是传统媒体，移动终端的普及使得每一位普通大众都可能成为报道事件第一现场的公民记者，新闻评论也不再是传统媒体的专属内容，大量自媒体账号和运营者加入新闻评论阵营。《2019 年传统媒体手机新闻客户端创新升级发展报告》指出，自媒体从业者已超过 300 万，而微博和微信也依然是新闻传播的重要渠道，新闻报道出现了去中心化的典型特征。

各大商业媒体平台为了抢占市场份额，增加用户数量，获取用户注意力，在新闻内容的创作上采取了很多鼓励和孵化措施。例如，今日头条成立初期以新闻搬运工著称，属于典型的新闻资讯分发平台，因其无原创内容而备受诟病，为了提高其商业化程度，今日头条意识到内容资讯的重要性，开始关注并鼓励内容创作，于 2013 年推出创作者自创内容的"头条号"平台，该平台通过计算机算法对创作者所创作的各类内容进行定向精准分发。同时，今日头条采取系列激励措施鼓励自媒体的发展，以丰富的内容满足用户的多种需求，从而提高用户黏性。今日头条通过系列激励计划（见表7）孵化新的内容创作者，鼓励创作者创作更多、更好的内容作品。数据显示，截至2024年，今日头条的品牌头条达人预算增加4倍，已拥有9.2万专业创作者，覆盖科技科学、文化历史、国际、财经等十几个不同垂类，相关内容指数（即发文量）同比增长8025%，传播指数（即内容消费量）同比增长2274%，创作者内容生态呈现出前所未有的繁荣景象。① 今日头条还借助其技术优势与以视频、直播为主的抖音打通，通过文字内容与视频内容的结合与碰撞会让信息的传播更具深度，也将在信息生动性上进一步满足用户需求。可见，今日头条完成了从看头条到写头条的转变，由最初的信息分发平台向内容平台的转变，其内容生态、商业生态都获得了发展和提升，已经成为综合性的通用信息平台，它的发展将不断降低传统媒体新闻创作主体的中心位置。

表7 今日头条作者鼓励和扶植战略计划

时间	扶植计划名称	计划内容和目标
2016年	千人万元	"头条号"账号数量增加9倍
2017年	千人百万粉计划	提高用户粉丝数和留存率
2018年	青云计划	对于单篇优质文章设置的专项奖励计划
2019年	新作者扶植计划	助力作者打造个人品牌，使其成为具备全网影响力的作者
2020年	行家计划	以"每天奖励最少100篇文章，每篇奖金300元"的奖励机制来激励作者
2021年	内容品鉴官计划	邀请100万名头条真实用户当中的各领域行家，通过其专业内容的判断力，对头条内容进行质量评价

---

① 2024年今日头条平台营销通案。

新闻报道和传播的这种多元化、去中心化的典型特征在助力商业媒体平台快速发展的同时也带来了很多问题，如原创新闻作品的版权主体认证问题、原创新闻作品的来源媒体确认等问题都亟须解决，这也是保障新闻作品生态发展的关键要素。

3. 互联网传媒企业竞争加剧化

中国新闻信息领域在网络技术的加持下，在新媒体的推动下，保持着稳定的增长趋势，不管是用户规模还是用户对媒体的使用时长都在逐步递增，并且还拥有一批相对稳定的深度依赖受众和重度消费用户。近年来，短视频资讯以及综合资讯已经发展成为带动网络用户月度使用时长稳步增长的催化剂，短视频资讯以及综合资讯带来了一半以上的网络增量。其中短视频占比 36.6%，综合资讯占比 12.5%。[①] 月狐 iAPP 数据显示，2024 年 6 月在线新闻资讯领域活跃用户规模为 4.64 亿，相比年初增长 1500 万，整体用户时长为 735457 万小时。据统计，中国互联网资讯消费者对互联网资讯平台的选择、依赖，以及投入的注意力而产生的经济效益，使得平台之间的竞争加剧并呈白热化。以 2024 年上半年新闻资讯平台的月均活跃数（见图 9）为标准，处在第一梯队的是今日头条和腾讯新闻；处在第二梯队的是搜狐新闻、新浪新闻、网易新闻和凤凰新闻；排在第三梯队上的有趣头条、中青看点和一点资讯。不同的资讯平台都有资金雄厚的互联网企业的支持，随着今日头条的迅速发展，其已经可以和腾讯、阿里、百度三大传统互联网企业并驾齐驱，至此，按照互联网企业的用户数量和比例，中国新闻资讯类的互联网"四超"格局已经基本形成。

---

① QuestMobile（北京贵士信息科技有限公司）数据。

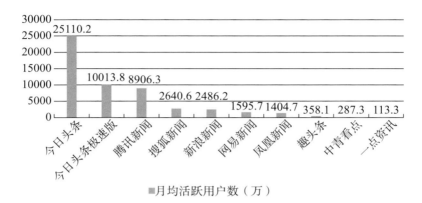

图9　2024年上半年新闻资讯行业月均活跃用户数

根据《2024全球独角兽榜》，2024年字节跳动的市值已达1.56万亿元人民币，全球日活用户已超过14亿，成为中国互联网公司中仅次于腾讯和阿里的第三位互联网巨头。

由此可见，互联网内容平台竞争加剧，各大企业都在推出新的内容产品，抢占市场和用户。然而，在互联网企业博弈的过程中，传统新闻媒体仍然处于相对被动状态，如何在不断加剧的互联网竞赛中取得自己的一席之地、加强舆论引导、融入媒介生态，是传统媒体面临的主要问题。

4. 媒体融合趋势化

从2014年8月中央发布《关于推动传统媒体和新兴媒体融合发展的指导意见》以来，中国传统媒体开始积极探索和实践互联网的发展路径，寻求与新兴媒体在内容、渠道等方面的融合发展，并取得了一定的成绩。然而，传统媒体在与商业平台日活用户过亿的客户端相比的情况下，其日活用户过百万的客户端仍然处于劣势：在机构运营的微信公众号中，媒体号数量不足1%；在中国互联网广告运营商市场收入份额中，传统媒体的份额不足1%。这些问题严重阻碍了传统新闻媒体的发展，更是严重影响了舆论引导。

2019年，习近平总书记发表了"媒体融合是一场不容回避的自我革命"的重要论述。他强调传统媒体和新兴媒体不是取代关系，而是迭代关系；不是谁主谁次，而是此长彼长；不是谁强谁弱，而是优势互补。

2020年，广电总局印发《关于加快推进媒体深度融合发展的意见》（下称《意见》）这给传统媒体指明了媒介融合的方向，要求传统媒体全面进入互联网主战场，优化资源配置，尽可能地把先进技术、专业人才、相应资金都汇集到主战场上，以鼓励和创作更多高质量的内容。同时，向移动端倾斜，将众多分散在网络之外的力量转移阵地，深耕网络平台，力争将传统媒体的网络平台做大做强，以占领新兴传播阵地。

按照《意见》要求，传统媒体不断积极改革创新、扩展传播渠道，更新新闻内容呈现方式，积极实践媒介融合。传统媒体坚持和新兴媒体一体化发展，通过优化传播流程、改造网络平台，实现各种新闻生产要素和媒介资产的有效整合，以保证与新兴媒体在新闻信息内容、新兴技术应用、平台用户终端以及运营管理手段等各个方面实现共融。

目前，以广播电视为代表的传统媒体积极探索新的融媒经营模式，打造融媒传播平台，引入电商直播、电商社交、社区经济等新业务，取得了非常好的效果，极大地延长了广播电视媒体传媒服务的事业线。广播电视的融媒实践将媒介融入带往纵深的发展领域，激励传统媒体不断拓展，以新需求为驱动，加速迭代出更多融媒产品。

早在2020年，我国很多地区的融媒体中心普遍构建了以电视、微博、微信、客户端、短视频为主体的全媒体矩阵，贯通了"央媒＋市媒＋区媒"的国家媒体体系，建设了"新闻＋政务＋服务"的工作格局。随着5G和人工智能技术的发展，各级广电纷纷成立AIGC部门，积极探索智媒时代下媒体融合发展的新模式。为推动生成式人工智能 AIGC 在视听媒体的应用，2023 年 7 月，中央广播电视总台联合上海人工智能实验室发布了"央视听媒体大模型"，并牵头发起成立"央视听媒体大模型"研发共同体，通过开放平台与国内有实力的科研机构和企业合作，秉持开放共享、积极创新、协作共赢的原则，在科研攻关、需求应用、安全发展、产业生态等方面开展合作。

综上，传统媒体通过媒体融合发展拓展了发展空间，巩固和壮大了主流舆论阵地。但是，媒体融合发展的趋势化和一体化的发展方向为新闻作品的版权价值实现提出了新挑战，目前，融合媒体间的法定许可制度将降低融媒的发展和深度融合，所以应该采取更积极的版权许可机制，以促进融合媒体的纵深发展。

4.1.4　中国新闻传媒业的新技术应用

互联网技术的应用严重打破了传统的新闻作品版权生态，原有的报刊法定许可制度在互联网环境下备受争议。正在传统媒体严格要求互联网先拿到授权再转载新闻时，5G、人工智能、大数据等新技术又接连出现，导致新的作品内容和作品形式不断出现，新技术在对新闻表达赋能的同时也改变了新闻传播的格局和受众获取新闻的方式。

1. 新技术对"新闻表达"的赋能及保护边界

习近平总书记一直都非常关注、重视新技术在媒体中的应用，对人工智能在新闻业的应用和发展上把脉定向，他强调，"要全面提升主流媒体的舆论引导能力，主流媒体应该积极探索人工智能在新闻采集、生产、分发过程中的应用方式，力争用主流价值导向压倒新兴媒体的算法推荐"①。按照总书记的要求，传统媒体已经尝试将人工智能大量运用到新闻生产环节，人工智能的新闻作品打破了传统新闻媒体采、编、印、发的传统流程，做到生产时间短、发布速度快，最大限度地实现了新闻的即时性。在社会突发新闻、重大时政新闻的报道中，人工智能的机器写作更是经常被运用到第一时间的内容生产和分发过程中，以保证重大时政类信息的及时性和高效性。另外，机器写作的高智能信息加工能力和数据处理能力、图库自动匹配能力也对新闻报道的标准性、准确性提供了强大的支撑。与此同时，新媒体行业更是大规模地分析、研发和应用人工智能等新技术，人工智能技术为新媒体的算法推荐、个性化推荐等信息分发提供了更加精准的技术支持，而且新媒体行业更是把人工智能技术应用于用户的信息内容创作、对平台内容进行审核等很多领域。

但是人工智能、机器人协作创作的新闻作品在给传统媒体和新兴媒体带来巨大便利的同时，也给新闻出版业带来了很多新的挑战，即新技术应用场景下的新闻作品属不属于版权法律体系保护的对象或客体？人工智能新闻、机器新闻的版权权利和归属等问题也是媒体和版权法律需要进一步厘清、思考和定性的问题。这些问题的答案都将对新闻传播业的发展和走向带来巨大的影响。

从英国的第一部《安娜版权法》诞生以来，国际版权领域对人类智力劳动成果的保护达成共识，即版权法保护的是人类智力劳动成果。那么，人工智能新闻最大限度地挑战了版权立法目的，虽然人工智能创作物可能具有版权法要求的创新性、表达性以及可复制性，可是人工智能创作物——非人类直接创作出来的智力成果，属不属于版权法保护的客体一直存在争议。所以，尽管新技术的运用给"新闻表达"的多样性、

---

① 中共中央总书记习近平 2019 年 1 月 25 日在中共中央政治局就全媒体时代和媒体融合发展举行第十二次集体学习发表的讲话。

快捷性带来了巨大的便利和可能，但给立法层面也带来了相应的困难，给传统的《版权法》对作品的保护边界问题提出了新的课题和挑战。

2010年，《中华人民共和国著作权法》采用的是限定性作品类型法定模式，其第三条列举了从文字作品至计算机软件的八种作品类型与法律、行政法规规定的其他作品，由于法律、行政法规并未另行规定"其他作品"，所以2020年以前的中国《著作权法》保护的作品类型限于《著作权法》列举的八种作品类型，这种立法模式在文化市场发展之初较为适合中国国情。以《英国版权法》为典型的许多国家与地区同样采取了严格的作品类型法定模式，如印度、澳大利亚、爱尔兰、马来西亚等（李婷，2021）。但随着科技的发展与观念的革新，"限定性"的作品定义与分类模式将难以囊括伴随互联网不断涌现的新作品形式，立法时未出现或未纳入的作品类型在司法实践中很难得到法律的有效保护。在司法实践中，如网络直播、人工智能生成内容、短视频、虚拟现实作品等是否构成作品？构成何种作品类型？是否应纳入《著作权法》保护范围？保护程度如何，这些都是著作权法理论与实践中颇有争议的司法难题。中国《著作权法》从2012年进行拟定，到2020年审议通过，历经9年的讨论和修改，在审议通过的《著作权法》上仍然没有正面立法解决人工智能创作物的著作权性质问题，但在2020年的《著作权法》保护客体的第三条第九款强调：符合作品特征的其他智力成果受《著作权法》的保护。这表明，中国著作权保护客体由"封闭式"作品类型走向"开放式"作品类型，以不断满足新出现的作品类型。

所以，基于2020年中国《著作权法》开放性的保护立法，如果人工智能新闻产品只是简单的单纯事实消息，则沿袭传统的《著作权法》理念，不予保护，但如果人工智能新闻中应用了大量的数据分析、新闻评论、形成了具有独创性的作品，则可以受到《著作权法》的保护。

新闻的边界正在被逐步扩展，尤其当越来越多的自媒体成为信息生成的主力军时，资讯的内涵和外延被逐步扩大，泛资讯内容随之增多。虽然泛资讯内容能够满足用户的多元化需求，也成为媒体内容生产的新契机，但这种新类型作品只有被归纳到版权法律体系确权的作品类型中去，才能得到版权法的有效保护。技术的变化和赋能对传统版权法律制度的挑战越来越大，需要版权法律制度的正面回应。

2. 新技术引导新闻平台格局的转变

除了人工智能在新闻采写、加工、分发过程中得到广泛的运用以外，5G 也参与到媒体建设和发展中来，5G 以其高速度、低延时、低功耗、泛网络、万物互联等特征实现了传媒领域新发展阶段的市场占领，并带来了新闻传播平台格局的转变。

2019 年，中国广播电视网络集团、中国联通、中国移动、中国电信得到了中华人民共和国工业和信息化部发放的 5G 商用牌照，这标志着 5G 技术在中国的正式授权和普及，中国将大踏步地进入 5G 时代，所以 2019 年被视为中国的 5G 商业化应用元年。和人工智能一样，5G 将给新闻传媒业带来生机和发展，使得新闻传媒业迎来突破性的变革。

首先，5G 将推动高清、高视频、多功能的家用电影设备、电视设备、游戏设备的大规模普及，使得越来越多的家庭获得信息、视频等内容的沉浸式体验，改变家庭的信息接收能力和习惯；其次，5G 的多连接、泛网络、无死角的特点将在很大程度上提高信息分发的能力，提高受众的广泛参与度，实现多维的、多角度互动；再次，5G 的低延时、低功耗、低成本的特征减轻了受众对消费成本的顾虑，在新闻资讯获取方面，图片新闻、视频新闻将成为受众的优先选择，而文字性新闻的关注度和获取度会逐步下降；最后，5G 的万物互联特征打破了新闻报道的终端化局面，赋能用户成为新闻生产、加工和发布者，新闻主题更加多元化，新闻内容更加丰富化。大量的手机随拍、现场直播新闻形式常态化，加剧了新闻视频化的发展，标志着新闻竖屏时代的到来。

可见，新闻形式的发展变化受到新媒介技术的直接影响，在人工智能广泛应用和 5G 技术创新的红利下，新闻获取伴随着大小屏上的社交互动将更趋便捷和频繁，使长短视频交互发展并不断丰富新闻内容的呈现方式，新闻媒体和社交电商也迎来全新的发展契机，传统的新闻传播局面将再次重组，新的综合性的传播平台格局将重新构建。一方面，在 5G 技术和竖屏加持的场景下，新闻内容平台需要调整思路，融入内容产品、电视服务等生态发展体系；另一方面，新闻传播平台重视信息传播的社交化和视频化的趋势，利用大小屏社交平台的用户沟通以及互动方式的多样化，推进平台将"关注、分享、沟通、合作和互动"等社交化的元素应用于电子商务交易。

新技术将推动媒体的纵深发展，助力不同社交平台在多社群、跨平台、跨界合作等领域的进一步发展，推进社交流量和电商交易的深度融合。这对传统媒体来说，不仅需要思想上的跨越，更需要行动上的前进。

4.2　中国新闻作品版权生态中间层问题分析

从版权生态的外部层分析可以看出，中国新闻作品版权生态外部层要素之间的关系出现了失衡和消极的情况，面对技术的不断革新和发展变化，产业结构也进行了调整。新闻生产主体多元化、消费主体多元化、新闻市场供给能力巨幅增长、市场消费习惯转变、媒体间竞争白热化等现象层出不穷,但是中国的新闻版权法律规范性内容对此并没有进行结构性的修正,在第三次《著作权法》的修订过程中,出现了新闻作品版权主体对利益保护的不同诉求,2020年的《著作权法》就法定许可的网络延伸、新闻出版单位的邻接权等问题没有作出正面的回应,只是将"时事新闻"变更为"单纯时事消息",将新闻作品纳入特殊职务作品的范围内,对新闻作品的权利主体进行了迁移。在各方利益博弈中,2020年,该法采用立法稳定性原则更多地保护了传统媒体的相关版权权利,以发挥传统媒体的议程设置和舆论引导作用,但是生态体系要求各要素之间要有较强的、积极的联系,版权生态发展才有可能实现优化。目前,中国新闻作品外部层之间的联系存在一定的冲突性和利益失衡,所以中间层对核心层的影响也会存在非良性的影响局面。

综上,中国新闻作品版权生态外部层还存在着产业结构调整、媒体资源配置、适应技术革新与任务,需要进一步深化体制改革,完善法律制度,加强中间层对核心层的沟通和连接效果。

4.3 中国新闻作品版权生态核心层问题分析

新闻作品版权生态的核心层是其运行的基础,核心层要素里主要包括新闻作品版权主体、新闻作品版权使用者、传播方式和新闻作品的许可方式。新闻作品版权主体应按照版权法规定的版权许可方式对使用者进行授权;版权使用者则需根据不同的传播方式和渠道去选择新闻作品和寻求新闻作品版权授权。各要素之间呈链性生态关系,任何一个环节出现问题均会导致生态链受阻。

在中国的传统新闻传播领域,新闻传媒业都以内容(作品)创作和分发为主要任务，通过内容变现和广告盈利去实现经济效益，所以，内容创作是传统媒体的首要任务，好的内容产品能够吸引公众的关注，并受到公众的认可，形成公众的依赖路径和消费习惯。然而，互联网和各种新技术的发展使得各种媒体大量涌现，媒介内容呈爆炸式增加，内容创作变得多元化，内容创作主体和用户开始多元化和去中心化，内容创作主体的盈利变得极其困难。新闻制作由原来围绕内容的制播统一变成围绕用户的制播分离，形成了传统媒体以内容为中心的创作、分发、变现的新闻传播方式向以用户为核心的内容创作、分发和时间变现的媒介格局的转变（见图10）。

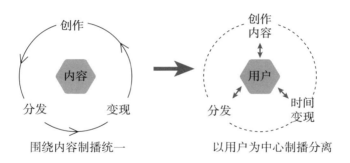

图10　传媒产业从内容到用户的格局变化

这种格局的改变使得传统媒体要改变其内容变现方式，即将内容分发变现转变为作品版权变现，其变现过程就是版权价值的实现过程。所以，在版权法律的视域下，上图可以被解释为：在传统的新闻传播领域，新闻版权主体就其创作的新闻作品根据不同的分发渠道和传播方式进行不同形式的价值变现，从而获取一定的经济利益。而在互联网环境下，新旧媒体以用户为中心，同步创作，并将其进行不同的分发，以获得用户关注度，达到时间的变现。在新媒体领域里，新媒体不仅将自己的作品，更多的是将传统媒体创作的作品进行自己平台的变现。那么，传统媒体就其创作的作品变现流失，处在被动发展的位置，这就导致了新闻作品版权生态受到严重的冲击。多渠道的传播方式使得传统新闻作品的版权主体就其新闻作品无法进行有效的授权许可，经济利益得不到有效保障，版权生态处在失衡状态。

4.3.1 新闻作品的版权主体

在传统的新闻传播领域里，各大报社、期刊社、广播电台和电视台既是新闻作品的创作者也是新闻作品的传播者。各大报社、期刊社、广播电台和电视台的新闻记者因其创作的文字、图片、音视频作品而成为版权权利人。但是，随着互联网商业传播平台的出现和快速发展，新闻作品未经授权被转载到互联网、新闻标题被篡改、新闻内容被洗稿等情况越发严重，为了更好地维护传统媒体的权益，2020 年，《著作权法》将原新闻作品一般职务作品的范式变更为特殊职务作品的规定。所以，目前中国新闻作品的版权主体多为各大报社、期刊社、广播电台和电视台。但是，各大商业媒体平台也开始由传播者向内容生产者转变，鼓励各种自媒体、专业用户生产内容产品，所以新闻作品的版权主体日趋多元化，传统媒体、政务媒体、互联网商业平台、各种类型的自媒体、多频道网络产品的生产者都成为重要的内容创作方，按照版权客体理论，只要这些内容具有独创性的特征，均可被视为新闻作品，享有版权。

版权主体虽然多元化，但由于时政类新闻采编权受到一定的保护和限制，自媒体新闻编写者和平台专业内容生产机构不能采编时政类新闻，只能成为财经、娱乐、教育、体育类新闻作品的版权享有者。

1. 传统媒体的时政新闻版权主体

习近平总书记在"2·19"重要讲话中特别强调:"党和政府主办的媒体是党和政府的宣传阵地,必须姓党。"报刊、通讯社、电台、电视台、新闻网站的所有工作,都要以维护党中央的权威为首要目标,新闻内容和新闻话语要体现党的意志、反映党的主张。尽管传统媒体的渠道力正不断下降,但是依然需要通过内容建立媒体品牌与用户之间的联系,发挥其作用,做好党的新闻舆论工作。

传统媒体的党性原则决定着其为社会主义的发展建设、为人民服务的工作职责,所以在新闻传播过程中,传统媒体必须坚持正确舆论导向,引导社会形成正面的、正能量的舆论,促进弘扬优秀社会文化、宣传中华传统价值观的积极、健康的网络环境。另外,传统媒体还肩负着维护国家利益和公共利益的特殊媒体职责,因此国家法律和政策对其有着特殊的保护与支持,确保受众对其维持高度的信任。

2005年,《互联网新闻信息服务管理规定》中将互联网信息服务平台分为两大类,即新闻单位网络平台和非新闻单位的商业网络平台。其中规定,非新闻单位的商业网络平台在提供新闻信息服务时,只能转载新闻信息,而且必须转载中央新闻单位或者省市直属新闻单位发布的有关政治、经济、军事、外交等社会公共事务的报道性新闻或评论性新闻,以及对社会突发事件的报道性、评论性的时政类新闻信息,不得登载自行采编的新闻信息,也就是说,非新闻单位的商业网络平台没有时政类新闻信息的采编权。

为了保障传统媒体的舆论导向职责,《互联网新闻信息服务管理规定》第7条还强调,任何组织或机构不得设立中外合资、中外合作或外商独资的互联网新闻信息服务单位。除此之外,《互联网新闻信息服务管理规定》还对中外合作性质的互联网新闻信息服务单位的服务方式给出明确的方向性规定：首先，具备互联网新闻信息服务资质的单位计划引入国外资金，或者采取中外合作经营的模式，都要先经过国家互联网信息办公室的安全性评估后根据评估结果进行审批，审批通过的互联网新闻信息服务必须严格区分采编业务和经营业务，外商资金绝不得涉及互联网新闻信息的采编业务。可见，中国对时政新闻信息的态度是非常谨慎的，不仅将时政类信息的采编权对非传统新闻单位进行了排除，还对外资、民营资本进行了限制，以保证新闻的正面宣传性。

所以，中国的传统媒体在采编权上具有特殊的地位，也自然成为最重要的时政类新闻作品的版权所有者，在现有的传播体制下，非新闻单位必须得到传统媒体的授权许可才能转载时政类新闻，这保证了传统媒体的话语权。传统媒体应当把握好和利用好这个优势，在受到新媒体不断挑战的同时，发挥其时政类新闻采编权的优势，持续提供优质新闻资源，以满足用户需求，尤其是在真相调查、深度写作、关注少数族群等方面发力；在快速资讯时代保持深耕、理性和专业；建立媒体和用户之间的信赖感、安全感；努力打造良好的内容生态，防止唯流量论等对内容机制的冲击，保证优质新闻作品的到达率。

2. 政务平台新闻的版权主体

互联网、5G等新技术的赋能下，各种网络媒体迅速发展，除了大量自媒体以外，政务媒体和政务平台也大量出现，并加入传播大军中。政务媒体平台为政府发展和完善政务服务提供了非常有力的支撑，在很大程度上为公众了解相关行政单位的政策、热点、办事流程提供了很大的便利，保证了政务信息的即时性、透明性和便利性。

政务媒体的天然优势使得政务平台快速发展，但由于市场化的运营理念不足，政务媒体很快走向了发展的十字路口。许多政务媒体平台没有发展成为政务新闻的发源地和聚集地，政务信息发布还保留一定的单向性，公众的参与度和互动性有待加强。

政务信息的发布和政务平台建设的重要性引起了国家的关注与重视，2018年12月，《关于推进政务新媒体健康有序发展的意见》（以下简称《意见》）发布，《意见》对政务信息的发布和平台建设作出了顶层设计，要求各级政府及政府部门重视和推进政务公开、全面，采用新媒体建设思维打造政务服务平台，最大程度地优化政务服务，力争做到让人民满意。《意见》坚持政务平台的建设要以内容建设为根本，加强相关政府内容的发布，积极传播党和政府声音，同时健全互动功能，引导政府和民众的积极互动，让政务平台成为公众参与社会治理的有效方式。

在政策的指引下，行政部门积极搭建政务平台，创新政务内容传播方式，除了传统的微博、微信外，短视频也成为政务媒体的全新形式。为了鼓励政务平台的内容创新和方式创新，很多国家行政部门联合起来，并携手新媒体平台举办系列推进活动，以促进和提升政务媒体在抖音等新媒体平台上的内容生产力、传播力和影响力。

按照《意见》的要求和规定，各地区、各部门的政务平台或者在商业媒体平台上发布的文字类、图文类、短视频类的相关作品也是版权法保护的作品类型，这时政务新平台的所属部门为作品的权利人，政务新闻作品属于典型的特殊职务作品，具体作者享有署名权。可以说，政务新媒体的加入扩展了新闻作品版权主体的范围，给新闻版权生态主体建设带来了新的生命力。

3. 商业媒体的非时政类新闻版权主体

根据 2005 年的《互联网新闻信息服务管理规定》，许多非新闻单位的商业网络平台没有时政类新闻信息的采编权，不得刊登、发布自行采编的时政类新闻信息，就一些重大国内外的政治、经济、军事、外交等新闻信息只能转载具有时政类信息采编权的媒体单位的新闻内容。2017 年，国家互联网信息办公室对《互联网新闻信息服务管理规定》进行修订，重申非新闻单位的互联网站没有采访权，并把范围扩大到各种应用程序、博客和微博客、公众账号、论坛等社交媒体平台以及网络直播。

由此可见，出于对国家利益和社会安全的考虑，中国对时政类新闻采访权的态度极其谨慎。近年来，自媒体及各种社交平台迅速发展，成为新闻传播的主要场域，所以要严格控制非新闻单位的网络平台、各种应用程序、博客和微博客、各类公众账号等网络平台的时政类新闻的采编活动，这些非新闻单位的商业网络平台或媒体只能在除时政类新闻信息之外的娱乐、体育、财经、教育类等领域采集和发布新闻。按照版权法的创新性要求，这些新闻作品如果具有独创性，即可受到版权法的保护，该新闻作品的撰写者或制作者即为版权所有者。但是，大量自媒体和商业网络传播平台之间的版权约定还不明确，自媒体新闻作品的创作者缺少版权意识，以致对传统新闻作品或其他自媒体作品的版权进行侵权的情况多发，这给新闻作品的确权和维权都带来了很多问题。

1）自媒体新闻创作者

随着新浪、网易、今日头条、抖音等互联网平台的用户逐渐增加，新媒体内容产业链的参与者也不断递增，平台的新闻内容以娱乐、体育、财经、教育类为主，形成了中国网民被娱乐、体育、教育类新闻信息包围的态势，尤其在计算机算法、大数据加持的互联网空间，形成了中国网民的"窄新闻圈"现象。但是，无可否认的是自媒体新闻创作者确实丰富了媒介内容，创新了新闻表达形式，所以其创作的新闻作品达到独创性的要求即受到《版权法》的保护，创作者就是版权权利人。但是，公众依旧关注国内外政治、经济领域的大事，有些自媒体创作者为了满足受众需求、获取关注度和流量，开始对传统媒体的时政类新闻作品进行汇编、评论，形成自己的相关作品，一时间，自媒体洗稿问题成为常态，给版权的界定和版权理论带来诸多问题。这种就他人的一篇或多篇在先作品进行不同形式的编辑整理、适当改变语言顺序和语言表述的洗稿作品，其版权认定问题和侵权界定问题受到新闻界、法律界的关注并引发争议，但目前尚未形成定论。

2）MCN 机构的新闻生产

自媒体运营的愈加专业化，催生了多频道网络机构（MCN 机构）的兴起。根据《2024 克劳锐中国内容机构（MCN）行业发展研究白皮书》，2023 年，中国 MCN 机构的注册公司超过了 25400 家。MCN 机构通过资金的提供，帮助和支持创作者创作内容，并对其内容进行有规模的推广和变现。也就是说，MCN 机构左手牵着内容创作者，右手牵着各大媒体平台，不仅掌握大量内容产品，还拥有一些稳定的内容传播渠道。按照通常理解，MCN 机构本身不生产和创作内容，它只是内容的传播者，但是，在确定内容版权归属时，要考察内容创作者和 MCN 机构之间的合同关系，这就有可能出现委托创作、共同创作等特殊的版权归属问题。在委托创作的情况下，MCN 机构依据合同享有著作权，但是合同另有约定的除外；在共同创作的情况下，MCN 机构和创作者为共同版权权利人，共享版权；在没有合同的特别约定情况下，内容产品的创作者为版权权利人，享有版权收益。但是，由于内容创作者的版权意识不强，很少有内容创作者和 MCN 机构就内容创作进行谈判和协商的情况，一般都是直接签署 MCN 机构提供的格式合同。

通过以上分析可以发现，中国目前的新闻版权主体较多，形成了传统媒体的时政新闻传播链，以及自媒体和 MCN 机构的娱乐、体育、教育、情感类新闻传播链，双方彼此渗透和融合，但是新闻侵权情况多发，新闻同质化现象严重。而且，内容多元化导致版权主体多元化，在互联网即时性和快速性的特征下，新闻版权主体丧失了对版权的控制力，新闻作品版权生态受到一定影响。

4.3.2 新闻作品的传播方式

传统媒体时代，报刊读者、电台听众、电视观众按照直线的媒介传播方式获取新闻，报刊、广播电台和电视台掌握新闻传播媒介，控制新闻传播渠道。新媒体的发展不断冲击和变革着这种单向的新闻传播方式，纸媒、广播电视等传播方式依旧存在，尤其是广播电视媒介还有一部分稳定的受众。但是，更多的受众大量聚集在互联网媒体平台和新闻聚合平台上，这些网络新闻平台凭借先进的技术手段和大数据的加持，向网络用户精准地推送新闻内容，而且网络新媒体不断丰富用户和新闻信息的互动形式。用户对其感兴趣的新闻内容进行阅读、评论甚至转发，成为新闻作品传播链中的一员，由单一的受众转变为新闻作品传播者。另外，用户自主创作的信息和生产的内容以其真实性、亲民性和现场感越来越受到观众的欢迎，用户生成信息的受关注度也越来越高，尤其是一些具有网络知名度和影响力的用户，凭借其用户黏性和用户观注度，也发展成为网络媒体中的关键节点，通过他们转发的新闻信息或新闻作品有时会产生扩散效应，形成二次传播，其传播力和影响力有时能够超过首发媒体。这些多元化、多节点的算法传播、社交传播等新型信息传播方式使得版权许可难上加难：没有中心点，就没法确权，版权保护的处境雪上加霜。

1. 新媒体"算法"推荐传播

在线性的传统传播情况下，报社、广播电台能够主动进行议程设置，积极引导社会关注热点，但是互联网算法推荐的应用打破了传统媒体的议程设置格局，它依据用户自身的网络阅读内容、阅读方式和阅读习惯，对用户进行精确定位，将纷繁的网络内容进行个性化分配和发布，形成了千人千面的媒介环境。

今日头条是国内将算法工程产品与信息推荐引擎应用结合的领头羊，它在新闻资讯类产品中的爆发式增长和领先地位与其定位息息相关。但是，不可否认的是这种算法推荐在迎来了巨大的发展后，其弊端也开始逐步显现，它造成的信息茧房现象引起了受众的关注和反思。人类行为具有偶然性和阶段性，算法推荐恰恰忽视了这种偶然性和阶段性的特征，当推送的内容不断同质化时，会导致用户的流失。

2. 场景化传播

移动互联时代，"场景"及"场景传播"成为了媒体传播的新亮点，在场景视域下，人、物和场景之间形成有效的连接，这种连接打破了人们获取新闻的传统方式，重构了信息传播和接收的环境，激发了受众的参与热情。在场景化传播里，受众完成了从被动接收新闻信息，到接受互联网精准的信息传输，再到主动参与信息传播的转变。所以，场景化传播也许会成为未来新闻传播的新方向，新闻媒体或新闻商业网站要通过场景的识别，打造新闻信息的多样化，给用户提供信息分享的场景。

在场景化传播里，信息传播的可信度更高，分享性更强，传播渠道的结合点更多，但是场景传播中的中心点很难辨认，而且分享性和参与性更强，所以版权问题反而成了场景传播的短板。

3."激励+社交"传播

新闻内容的传播方式越多，传播主体之间的竞争就会越激烈，所以出现了媒体之间争夺用户的情况。在传统传播方式下，报社、期刊社凭借作品获取读者的认可和消费，广播电台和电视台也是靠产品内容去吸引听众和观众。而在互联网传播方式下，作品数量巨大而且同质化趋势严重，导致互联网新闻平台开始寻求其他的方式获取用户，其中最常采用的就是"激励+社交"的方式，即通过阅读或使用新媒体产品而获得一定的奖励，包括物质奖励、现金奖励等方式。例如，通过对文章的点赞、转发、回答文章问题等方式设置奖励。社交方式是鼓励用户利用自己的社交圈去分享信息、传播信息以扩大新闻的到达率和影响力。数据显示，2024年6月，在线新闻资讯领域月活跃用户规模为4.64亿，相比年初增长1500万，其中主打"激励+社交"模式的趣头条，虽然在2024年上半年的月均活跃用户数仅为358.1万，但其在巅峰期月活跃用户数规模过亿。趣头条以"现金补贴+社交裂变"的模式，打开了进入下沉市场的大门，成立仅26个月便登陆纳斯达克。受到下沉流量的吸引，腾讯、阿里均成为其股东。面对未知的下沉市场，新媒体整体内容储备还未跟上脚步，这种传播方式是否会成为主流传播方式，需要社会和时代的审视和观察。

4.3.3 新闻作品的版权用户

1. 互联网媒体的新闻转载

2015年的《关于推动传统媒体和新兴媒体融合发展的指导意见》鼓励传统报刊单位与互联网媒体展开多种形式的合作和经营，同时特别强调：报刊单位和互联网媒体之间要积极建立健全版权合作机制，有效规范网络转载版权秩序，在中国版权法律制度的框架下进行作品的授权和转载，互联网媒体在转载过程中要尊重新闻版权权利人的署名权并标明作品来源；互联网媒体之间的、报刊和互联网之间的转载行为不适用中国报刊的法定许可制度，一定要履行"先授权后使用"的许可程序。在这种法律规范下，报刊等新闻创作者是典型的新闻作品版权权利人，而互联网新闻媒体是体量最大的新闻作品版权使用者。

另外，由于中国特色的新闻体制，互联网内容的建设一直都受到高度的重视。2021年10月，最新版《互联网新闻信息稿源单位名单》发布，该名单在原有新闻单位的基础上，遵循有进有出的原则，加入一批新的稿源单位，淘汰了一些落后的稿源单位，最终形成了涵盖中央新闻单位、中央新闻网站、行业媒体、地方新闻单位、地方新闻网站和政务发布平台等类别的稿源名单，共1358家。稿源单位的公布既对稿源单位本身提出高标准、严要求，也对转载单位指明了方向。首先，稿源单位必须以内容建设为己任，提高新闻内容的质量、容量和体量，做到在新闻传播的同时加强舆论引导，弘扬正能量，扩大影响力。其次，互联网转载单位转载的新闻要限定在稿源单位的新闻内容范围内，禁止转载非稿源单位的新闻，以免误导受众。

一批政务平台和融媒体中心被纳入稿源单位名单中说明了中国新闻内容的主体范围已增加，新闻内容将越来越丰富，也标志着新闻作品版权使用者选择新闻作品的范围越来越广泛，相应的选择权也越来越大，这就有可能导致主流媒体单位的重要新闻作品不被选择或不被传播。

2. 自媒体的新闻转载和改编

2003年7月，自媒体的概念被谢因波曼与克里斯·威理斯两位学者联合提出，他们对自媒体给出了一个特别严谨的界定："自媒体是普通大众经由数字科技强化、与全球知识体系相连之后，一种开始理解普通大众如何提供与分享他们自身的事实、新闻的途径。"也就是说，自媒体是向普通大众提供能够将其自身所见所闻或亲身经历的事情进行发布的载体，如微博、微信等社交媒体。

随着自媒体的快速发展，自媒体受到资本的关注，商业集团对其进行大规模的投资、融资业务，资本的介入可能导致自媒体走向行业化，甚至是垄断化的发展方向。目前，在数以千万的自媒体中，缺乏核心竞争力、用户黏性低、无法提供持续的优质内容的自媒体将消失，而那些掌握了粉丝资源的自媒体将开始往资本化、公司化方向发展。但是，自媒体上热度比较高的仍然是社会时政类新闻的转发，能引起用户的认同和点赞。所以，内容仍然是自媒体创造价值的根本，也是聚集粉丝、实现盈利的基础。自媒体内容很大一部分还是对时政新闻的评论、社会事件的深耕，所以自媒体的发展离不开传统媒体的时政类内容，其信息源头一部分还是传统媒体。它们有的对传统媒体的时政新闻进行转载，有的加上个人的标题或评论，以自己的方式对新闻内容进行解读。或者，自媒体主动寻找社会热点事件，对热点事件进行分析，以形成网络舆论，聚集更多的用户和粉丝。因此，自媒体正在以自己的方式解构传统媒体的传播方式，重新构建产业生态，使得非媒体领域呈现出媒体化的趋势。

同时，自媒体的快速增长带来一些社会问题，涉及数据安全、个人隐私等问题，存在自媒体洗稿侵权现象，破坏了自媒体的生长环境和传播媒介的生态环境。为了打造风清气正的新闻传播生态，2018 年，网信办对百度、腾讯、新浪、今日头条等 10 家自媒体头部企业进行约谈，要求这些企业对自己平台上的自媒体账号清理和监督。首先，坚决打击和抵制自媒体账号的色情新闻、虚假新闻、标题新闻以及涉嫌洗稿或侵权的新闻内容；其次，查处违规广告的发布，以及恶意炒作和恶意引流的自媒体账号。

可见，这种无序增长的自媒体发展在增加新闻传播内容的同时，也带来了很多负面的影响，只有对其进行持续的治理，以及从版权规范、算法推荐等方面进行有效的规范，才能保障新闻媒体生态回归健康。

4.3.4　新闻作品的版权许可模式

在没有互联网媒体和自媒体冲击的传播时代，报刊媒体一般都遵守报刊之间的法定许可进行新闻作品的转载，其转载前无须征得版权所有者的授权，但转载后需要支付一定比例的报酬。但是，互联网媒体和自媒体大量出现后，由于转载的主体太多，无法做到一对一的授权许可，为了维护传统媒体的利益，报刊的法定许可并没延伸到互联网和自媒体领域，迫于压力，互联网平台开始与传统媒体合作，逐步完善授权机制。尽管如此，传统媒体仍然面临着版权许可的对价无法弥补传播渠道减弱带来的损失，所以媒体间开始抱团取暖，力求提高版权定价，实现版权价值。然而，传统媒体的维权举措虽然取得了一定的效果，但是与迅速发展和壮大的互联网平台仍然存在巨大的差距，因此需要探寻新的版权许可机制。

1. 传统媒体对新媒体的分散授权

互联网新闻平台、社交媒体、自媒体等传播平台的出现和不断扩展势必分流传统媒体的用户，同时也分流了传统媒体的商业变现能力，传统媒体的广告收入逐渐走低，而互联网广告收入近几年均保持飞速增长的势头。传统媒体只能强调其新闻版权资产的重要性，要求网络媒体"先授权、后使用"，以维持传统媒体的商业利益。

以今日头条为例，2014年6月，随着C轮融资的消息公布，今日头条由于版权争议受到了传统媒体的各种版权投诉和司法诉讼。但是时隔不到一年，大量传统媒体与今日头条达成新闻版权授权协议，其中，签约版权合作的传统媒体超过1000家。今日头条的发展理念与合作模式受到越来越多媒体的认可，包括曾经由于版权问题而对今日头条提出质疑和反对的传统媒体。如《新京报》《第一财经日报》《21世纪经济报道》等都相继和今日头条达成版权授权许可一揽子协议。另外，今日头条平台上的账号数不断增加，不仅有传统媒体，还有政府、机构、自媒体。由于曾经身处版权纠纷的旋涡，今日头条非常重视与传统媒体以及入驻的自媒体之间的版权关系，要求入驻的每个账号都要先签订电子版权协议，在协议中对版权归属进行清晰明了的约定。近年来，今日头条的版权保护水平逐渐提高，合作单位也越来越多，包括中央级媒体、各大报业集团、有影响力的地方晚报和地方都市报等众多媒体单位。目前，在百度搜索"今日头条新闻侵权"，集中性的报道来自2014—2018年，随着各大传统媒体官方账号入驻今日头条之后，新闻侵权发生情况开始减少，与传统媒体的版权生态逐渐恢复。

今日头条网页版分为推荐、热点、视频、财经、科技、娱乐等板块。笔者采用数据抓取的方式，对今日头条推荐板块的新闻转载和发布进行了量化分析。从 2024 年 12 月 13 日 10 点至 17 点，搜集今日头条网页版推荐板块前 1512 条新闻资讯信息进行账号主体与发文数量的定量分析后发现：这些新闻资讯共来自 863 个不同的账号主体，其中有 795 个账号发布的新闻资讯数量不足 3 条（<3 条），约占抓取账号主体的 92.12%，累计发送资讯 852 条、约占抓取资讯总数的 56.35%；发文数量超过 3 条（≥3 条）的单个账号主体累计 68 个，其中传统媒体官方账号（如新华社、环球网、央视网等）38 个，约占账号总体的 55.88%，个人账号 30 个，均为今日头条签约作者，约占账号总体的 44.12%，主要涉及美食、娱乐、汽车、时评等领域。新闻资讯均来自其他传统媒体报道，以 15 秒左右短视频为主要表现形式，均清晰备注了新闻消息来源与出处（见图 11）。

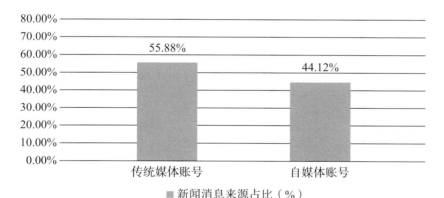

图 11　今日头条 2024 年 12 月 13 日 10 点至 17 点新闻资讯账号（发文量≥3 条）占比情况

综上，今日头条的新闻资讯主要来源还是传统媒体。目前，传统媒体和互联网媒体的主要合作方式还是新闻作品信息网络传播权的授权许可模式：每个传统媒体要和不同的互联网新闻资讯平台达成一对一的授权许可协议，并约定许可使用费用的支付方式，因为缺少统一的新闻作品版权价格的评估和定价机制，导致版权议价过程不透明，所以传统媒体新闻作品版权价值的实现和互联网商业媒体平台的变现并没有实现相对的平衡。

2. 传统媒体的版权互换

在媒体版权运营过程中，除了传统媒体和互联网媒体的授权许可外，随着互联网的快速发展、信息传播速度的即时化要求，传统媒体之间也突破了传统版权法律体系里的法定许可制度，开始寻求新的版权合作方式，进行版权互换。

首先，内容建设仍然是媒体发展的基础，要想在众多的媒体平台中占有一席之地，除了拥有大量的媒体内容以外，还需持有一些特殊、重大新闻的独家发布权，以获得用户的关注。人民网在与100多家媒体进行新闻版权资源互换协议的同时，还获得了《人民日报》及《人民日报·海外版》所有作品的专有信息网络传播权（滕力，2018）。

但是，由于传播方式的多元化和媒介用户的媒体内容获取社交化，媒体仅凭一家之力很难突破新媒体的包围圈，所以传统媒体必须建立内部的版权合作机制，携手共建，保护彼此的作品版权。从2016年到2018年，多家媒体联盟成立，如《重庆日报》于2016年发起的"全国省级党报版权联盟"、2017年中宣部和国家版权局共同推进成立的"中国新闻媒体版权保护联盟"、2018年在北京成立的"中国财经媒体版权保护联盟"，这些版权联盟有的是区域性的，有的是全国性的，有的是特殊新闻领域的，虽然参与的主体不同，但各个联盟之间有着共同的目标：改变传统媒体与传播渠道之间的失衡状态，充分保护传统媒体创作的智力劳动成果；提升全媒体行业的版权意识，实现新闻作品的版权经济价值，从而促进中国媒体行业的健康发展；建立起传统媒体和互联网媒体之间更加合理、更加健康的内容生态链，实现双方共生共赢（霍雅婧、杨震震，2020）。

另外，这些版权保护联盟也为联盟内部成员之间的版权使用打下良好的基础。例如，"中国财经媒体版权保护联盟"通过签订"版权保护合作协议"和"战略合作协议"，进行联盟成员内部的版权授权及许可框架，鼓励联盟之间进行版权互换，同时，对外进行统一的版权授权机制。

这种版权互换机制为传统媒体的融合发展起到了积极的示范作用，在开放的互联网空间，法定许可和授权许可都显示出其不同的弊端，需要以新的、开放的互联网思维去解决版权许可问题。

第 5 章　中国共生共融的新闻作品版权生态的构建

　　中国目前在新闻作品的创作、传播和新闻作品版权保护之间存在着巨大的矛盾。在网络环境下，新闻内容创作者的利益、互联网媒体或新闻传播者的利益、广大受众的利益，都应该受到保护，不能有所倾向，更不能有失公平。在技术加持、用户媒介使用习惯变更的基础上，传统媒体单位的版权保护不能仅依赖立法和司法层面的完善，还应该求新求变，以适应现代媒体发展趋势。在新闻作品版权强保护和新闻作品广泛传播之间寻找机会，变对立为合作，构建更加合理、合作共赢的内容生态和传播生态是新闻作品版权生态的重要责任，只有版权生态良性发展，才能发挥新闻媒体的价值宣传和舆论导向作用。

5.1 新闻作品版权生态外部层的顶层设计

中国新闻作品版权生态外部层的顶层设计目标，是在实现新闻作品版权价值的同时，协调好各方主体利益的平衡，其基础条件首先是新闻版权立法和技术变革之间的良性互动。新闻版权立法应当根据技术的发展要求修正立法范式，调整新业态下的社会关系，其方法是在新技术对新闻产业结构变革的同时，积极利用新闻作品的版权保护领域，实现技术保障下的新闻生态。其目标是以多元的方式治理多元的业态关系，推动多元参与、共享共治的新闻作品生态健康有序地发展。

5.1.1 明晰的新闻作品版权保护法律边界

法律制度仍然是社会关系和经济发展的基础，新闻传媒产业要想健康有序地发展，首先需要清晰、明确的法律制度。如前所述，中国2020年的《著作权法》对单纯事实消息、"时事性文章"的合理使用和特殊新闻职务作品、传统报刊之间的"法定许可"都做了明确的规定。但是，这些强制性规定在媒介融合和自媒体快速发展的情况下还是显得可操作性不强。

1. 单纯事实消息新闻形式的界定

在立法实践中，"单纯事实消息"通常只针对文字作品新闻内容，其他类型的新闻作品往往不包含在此范围内。但是，中国也有摄影作品作为单纯事实消息的有机组成部分而不受《著作权法》保护的情况。中国2020年的《著作权法》强调，缺少独创性、只对新闻事实作出最简单的语言或文字的表达为"单纯事实消息",只将时事新闻作品纳入《著作权法》保护范畴。但是,随着媒介融合的快速发展,新闻表达的形式日趋多元化,单纯的文字新闻越来越少,融媒体新闻越来越多,因此广播电台、电视台的单纯事实消息,以及短视频形式的单纯事实消息也应当在《著作权法》的理论框架下明确其权利性质和保护范式。在立法不够明晰的情况下,笔者对2015—2020年新闻作品著作权侵权的303件司法判例进行了梳理,追根溯源,用司法判例中的解释和说明补充立法上的缺陷。这303件司法判例表明,"单纯事实消息"侧重在对国家机关发文的简单报道以及事件的基本构成,但司法判例涉及的录像制品是否属于"单纯事实消息",判例结果是,录像制品不适用中国"单纯事实消息"的规定,对事件基本内容最简单的表达的短视频也并非单纯事实消息报道(见表8)。

《中华人民共和国著作权法实施条例》《中华人民共和国著作权法审议草案送审稿》对单纯事实消息的表述都有前置词,即报纸、期刊、广播电台、电视台、网络等媒体报道的单纯事实消息,虽然2020年的《著作权法》对此限定词进行了删除,但是根据法律与技术互动原则,单纯事实消息不应局限于传统的文字表达方式,网络媒体出现的短视频单纯事实消息、录音录像制品、融媒体单纯事实消息等新闻内容,如果符合对事件的客观事实具有较强性、即时性、简单的语言描述的新闻表达标准,都不应当受到《著作权法》的保护,以实现作品权利人和社会公共利益的平衡。

表8 司法判决中对时事新闻（单纯事实消息）的界定 ①

序号	裁判文书号	司法判决中对时事新闻（单纯事实消息）的界定
1	（2017）京73民终634号	如果报道者对新闻事件的报道仅涉及对该事件的基本构成要件，且使用的是最为简明的语言或文字，那么他人对该事件的报道必然也会使用相同或基本相同的语言或文字，则该新闻报道属于《著作权法》第五条第二项规定的"时事新闻"
2	（2017）粤0106民初4796	涉案文章内容为对社会事实的分析和作者的观点，并非对国家机关发文的简单报道，不属于时事新闻的范畴
3	（2017）粤0303民初5044号	《中华人民共和国著作权法》第五条第二项规定的"时事新闻"，系通过报纸、期刊、广播电台、电视台等媒体报道的单纯事实消息，重在描述事件发生的事实，具有较强的即时性
4	（2015）京知民终字第1055号	录像制品亦不适用我国《著作权法》关于时事新闻的规定，涉案短视频并非时事新闻

2. 时事性文章合理使用的明确

基于新闻的公共性属性，以及中国新闻单位的宣传任务和事业单位属性，中国对传统媒体单位赋予了特殊的"时政类新闻"采访权，这与世界上其他国家是有着本质区别的，所以中国的《著作权法》从立法之

---

① 表中引用的1、2、3、4条司法判例分别是：北京智德瑞奇网络科技有限公司与著名画家王成喜的侵害著作权纠纷案；北京三面向版权代理有限公司与广州颐高信息科技集团有限公司的著作权权属、侵权纠纷案；深圳市美丽视界文化传播有限公司诉中国共产主义青年团河南省委员会侵害作品信息网络传播权纠纷案；央视国际网络有限公司与暴风集团股份有限公司的侵害著作权纠纷案。

初,就强调了"时事性文章"的合理使用,其立法目的就是让时事性文章保持应有的政治导向,强调传统媒体的议程设置功能和舆论引导功能,让其充分发挥社会责任。

但是和单纯事实消息一样,"时事性文章"也存在概念不清、边界不明的情况。很多学者都尝试着对其进行解释,于是出现了"官方文件说",即时事性文章是宣传党和国家政策方针的官方文章,是党政机关为某一特定的政治、经济事件而发表的文章(唐德华,2006)。但是,《著作权法》对"时事性文章"合理使用的条款中加入了"但书"条款——"作者声明不许刊登、播放的除外"。在传统媒体受到互联网媒体巨大的冲击下,为了避免互联网媒体对传统媒体的时政类新闻进行链接转载,传统媒体可以直接在"时事性文章"后强调"未经许可、不得转载"的表述,那么,这条"时事性文章"被合理使用就会受到限制。在"北大法宝"以"新闻作品著作权"为关键词进行检索,可以检索到2017—2024年的新闻作品著作权侵权相关文书共计193篇,其中无禁止转载标识或声明的134篇,占比为69.43%,有禁止转载标识或声明的59篇,占比为30.57%(见图12)。

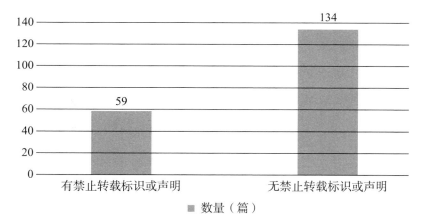

图12 2017—2024年新闻作品侵权案中有无禁止转载声明的数量对比

另外，2001年、2010年、2020年的《著作权法》都赋予"报纸、期刊、广播电台、电视台等媒体"在刊登"其他报纸、期刊、广播电台、电视台等媒体"已经发表的"时事性文章"时的合理使用，没有把"网络媒体"加入。但是，中国2006年的《信息网络传播权保护条例》第六条第七款却把"时事性文章"的合理使用扩展至信息网络。目前，传统纸媒大都开通了自己的互联网公众账号或者平台，对同一篇"时事性文章"一般会采用多媒体发行的方式，该方式适用于《信息网络传播权保护条例》中的合理使用。但是，《信息网络传播权保护条例》里强调的"时事性文章"是关于政治、经济问题，而中国2020年的《著作权法》中所涉及的时事性文章是关于政治、经济、宗教问题的，两者出现了不一致赘述。另外，2020年的《著作权法》仍然强调"报纸、期刊、广播电台、电视台"等媒体，没有明确互联网的位置，这需要进一步明确。

根据利益平衡理论，"时事性文章"的合理使用立法就是为了该类文章的广泛传播，因为时事性文章通常是和国家重点的政治、经济类信息密切相关的，这既是国家治理的需要，也是公民知情权的需要，更是参政议政的基础。为了社会公共利益的实现和保障，这类新闻或者新闻作品的著作权确实应当受到一定的保护。尤其是现在，中国形成了官方媒体和互联网媒体两个舆论场，主流媒体的职责就是传播正确的政治方向、坚守正确的价值取向，把党的理论、路线、方针、政策等内容宣传好，把发生在各地方、各部门和广大人民群众中的好故事、好做法传播好，形成主旋律，传递正能量。那么传统媒体的"时事性文章"应当尽可能地在各领域、各平台上传播，而不是授权传播。所以，为了促进"时事性文章"的传播，在合理使用条款中应当去掉"但书"条款的限制。同时，根据立法统一性原则，应当明确"时事性文章"适用于互联网络、自媒体、微博、微信等社交平台（见图13）。

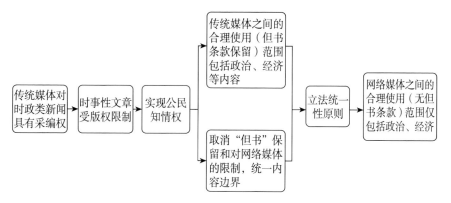

图 13　中国时事性文章立法完善的建议

5.1.2　技术赋能下的新闻作品版权保护

近年来，随着互联网技术的不断发展，5G、人工智能、区块链等技术也相继在新闻版权领域使用，包括新闻采集、生产、分发、接收、反馈各个阶段，新闻作品的确权维权阶段等体现了技术的强大能力。在新闻版权生态的建设中，应加大技术的使用，让技术赋能生态，重塑健康之路。

1. 技术赋能版权确权

目前，人工智能等技术已经渗透到新闻内容生产的各个环节，在前端的内容采集方面，人工智能和物联网技术的发展已经让摄像头和传感器可以直接智能采集素材并自动传送到后台，同时，还可以实现机器人自动写稿；在内容的编目、剪辑方面，人工智能等技术已经可以实现自动编目和剪辑，大幅度提高了剪辑效率；在内容推送方面，人工智能等技术可以利用画像进行精准识别,并与内容标签进行匹配,实现个性化的精准推送;在审核方面,利用人工智能等技术可以大幅度提高审核的效率和精准度,使敏感人物、敏感词汇等的识别准确率和效率获得大幅度提升。

新技术普遍应用到新闻生产的各个环节,在助力新闻行业快速发展的同时,也给新闻传播带来了新的挑战,即新闻作品的版权如何保护的问题。互联网的一键复制能力使得新闻作品在传播过程中经常被篡改,经多次流转后,原作者的署名、新闻单位的来源都有可能被删除,所以难以确权。区块链以其不可篡改、去中心化的特征及时地补充了技术高速发展的弊端,为大规模的新闻生产和分发保驾护航。区块链技术加持下的内容具有不可更改的特征,所以将其应用在新闻作品的版权保护上是最直接有效的。经过区块链保存的新闻作品在之后所有的传播节点上都会将这个数据保存一次,而且其内容是不可更改的。区块链技术已经相对成熟,而且应用在很多其他的版权保护领域,新闻传媒业也应该加大投入和研发,将区块链技术应用到新闻领域,使得新闻作品在各种媒介自由地传播的同时又能实现版权保护成为可能。

2. 技术赋能版权监测

在版权监测方面,人工智能等技术可以实现内容转载的精准定位和实时监测,自动生成版权报告(传播路径、转播次数、篡改细节)。已经有很多传统媒体和新兴媒体将新技术应用在新闻内容版权监测上,如人民网 10.3 秒由机器生成视频新闻的背后,媒体大脑平台实时调用了 1000 台阿里云服务器,分析网页 108786961 个,检索视频 15793 分钟、音频 4465 分钟,调用知识节点 437 个结果,有效地进行版权监测。

在利用人工智能实现版权监测方面，可以自动识别、分析定向内容的传播和引用报告，并可清晰地图表化呈现。该技术一方面可以协助杜绝版权盗用，另外一方面也可了解舆论传播的影响。例如二十大、2024年"两会"，新华社利用 AI 版权监控技术均生成了智能版权报告，版权监测工具显示，新华社发布的与"两会"相关的 1298 篇文字报道、1189 张图片报道被 89086 家传播平台转载，转载次数总计 1286418 次，在"两会"的舆论场上影响广泛，形成"镇版""刷屏"的效果。这些都是智能变革、用技术突破运营效率的典范。

技术形式的发展和网络数据的积累正在逐步实现人的多维信息化。随着用户网络使用行为的愈加频繁，各平台正在积累内容丰富的大数据库。5G 技术将带动物联网的发展，实现人与环境的互动信息采集。在技术发展的同时，应当平衡好技术和人之间的关系。技术应当为人所用，在变革网络传播格局的同时应积极应用其优势，助力新闻媒体行业的发展和版权生态的维护。

3. 技术助力版权维权

人工智能和区块链在新闻作品维权方面的作用也非常强大。首先，人工智能能够精准地识别出相似或敏感的词汇，帮助新闻媒体识别侵权作品。其次，区块链在发现新闻作品被篡改后，可以对作品进行溯源，平台会立刻将相关数据进行取证和保存，对版权侵权行为作出有力的回击。以《金融时报》《北京商报》《每日经济新闻》《中国教育报》、华龙网为代表的多家媒体已经将区块链技术应用在新闻作品版权保护上，实现了原创新闻作品的认证，并实时监测新闻作品被侵权的情况，有效地保护了新闻作品的版权。

目前，中国传统媒体现有传播平台的建设普遍存在技术短板，技术储和技术投入与商业平台相比都有很大的差距。智媒体对主流媒体而言，还有很长的路要走。主流媒体在 4G 条件下的困境还未解决，又迎来了 5G 带来的更大挑战。在 5G 环境下，媒体终端将真正呈现万物皆媒的丰富性与复杂性，我们身边的一切物体都有可能成为终端，主流媒体如何在信息生产的过程中与各种各样的终端适配，使内容呈现符合多种屏幕的传播特征，这种需求比现有的算法要求更高，依靠现有的人工智能在信息生产领域的应用还远远不能达到智媒体的要求。如作为新华社和阿里巴巴集团共同投资成立的大数据人工智能科技公司——新华智云，从"媒体大脑 1.0"到"媒体大脑 3.0"，每一次"媒体大脑"的发布都在推进媒体智能化的进程。2019 年 11 月 26 日，新华智云发布了"媒体大脑 3.0"，以版权区块链和 AI 内容风控方向为特色，为内容工作者在策、采、编、发等全流程赋能。"媒体大脑"集纳自然语言处理、计算机视觉、音频语义理解等人工智能技术，针对不同的融媒中心需求，既可以整体新建融媒中心，也可化整为零，以模块化的方式对现有的融媒中心进行智能化升级和改造。"媒体大脑"目前已覆盖 700 余万机构实体、1.4 万余地点实体、300 余万人物实体，可以将实时的新闻热点全面覆盖，自动匹配关联媒资，实时追踪热点路径。用综合算法模型评估热点价值，可保障热点榜单内容的高质量呈现。

在全球范围内，媒体智能化进入快速发展阶段，除了与互联网公司合作，传统媒体还要增强紧迫感和使命感，推动关键核心技术自主创新，不断实现突破。

5.1.3 多元的新闻作品版权治理格局

2021 年，《知识产权强国建设纲要（2021—2035 年）》中要求健全知识产权的公正高效、管辖科学、权界清晰、系统完备的司法保护体制；健全知识产权的便捷高效、严格公正、公开透明的行政保护体系；健全知识产权的统一领导、衔接顺畅、快速高效的协同保护格局。根据《知识产权强国建设纲要（2021—2035 年）》，2021 年 12 月 24 日，国家版权局发布了《版权工作"十四五"规划》（以下简称《规划》），《规划》要求，进一步完善版权法律制度体系，完善版权行政保护体系，完善版权管理体制机制；全面加强版权保护，推动新业态、新领域版权保护，加强版权执法协作，强化社会监督共治，加强长效机制建设等。《规划》着重提到推动新业态、新领域版权保护，将网络领域作为版权保护主阵地，不断提升版权管网、治网能力。按照《知识产权强国建设纲要（2021—2035 年）》和《规划》的要求，新闻作品属于典型的数字作品，新闻传播平台的融合发展属于新业态和新领域，所以对融合新闻平台、商业媒体平台的版权监管、保护和侵权治理是保护新闻作品版权生态的基石，应该在传统的行政监管、司法监管的基础上加入社会治理和行业治理，引入非诉讼解决机制，形成新闻传媒产业的共享共治和生态发展。

1. 多元参与的共享共治格局

从目前国内新闻媒体实践来看，多样化版权保护已有尝试，比如国家层面的行政执法、司法诉讼的持续增加，行业组织的联合诉讼和联合维权等。新闻作品网络版权治理手段由"单行"向"并行"转变。以"政策与法律为引领、以政府治理与司法保护为保障、以社会共治为重要组成部分"的网络版权治理格局逐步形成，多种路径优势互补，形成治理合力。在立法层面，建立起较为完备的版权法律制度体系，既适应市场经济要求也能体现新技术发展；在司法层面，主动适应互联网发展趋势，探索新类型案件的审判规则，助推网络空间法治化；在行政层面，"剑网行动"成效显著，执法机关将主动监管与重点监管有效结合，灵活使用多种监管方式，引导热点领域规范发展；在社会层面，非政府主体承担越来越多的版权治理职能，逐渐形成市场机制与社群参与的多元治理模式，在版权治理中发挥重要作用。尤其近几年，行业联盟不断成立：2017年"中国新闻媒体版权保护联盟"成立，作为一个专门保护新闻媒体版权的联盟，其专业性更强也更熟悉新闻行业的发展，在共同管理新闻作品版权、制定版权合作准则等方面起着重要作用，能够帮助新闻媒体尤其是传统媒体最大限度地实现自我合法权益。2018年，以各传统主流媒体发展需求和各方共同利益为出发点，以维权为手段，主流财经媒体成立了"中国财经媒体版权保护联盟"，共同抵制未经许可转载新闻作品的行为，合力维护著作权人的合法权益。版权联盟的成立，可有效参与行业版权管理和保护，促进新闻行业健康发展。

但是，由于网络技术的不断更新，新闻领域仍面临侵权隐蔽性强、维权成本高、维权难等现实问题。在传统版权场域中，作者、作品传播者、作者之间的地位依次递增。但是，随着互联网传播技术的快速发展和商业平台经济生态的演进，"复制权"逐渐被"传播权"所取代，传播权成为新闻版权领域控制的核心要素。新闻内容的生产者位置逐渐式微，而信息服务平台凭借其对新闻作品内容控制力的逐步上升，各方主体的强弱地位迅速转变，产业链条衍生出新的利益主体，引发了治理和分配的新问题。

在新闻作品版权维权和治理上，作者、传播者、作品使用者各方在治理体系中的角色要重新定位，进行"权责一致"的制度改进。其中，最重要的是新闻商业平台的传播者责权问题。一方面，面对拥有算法和算力优势的大型互联网平台形成的"算法垄断"问题，世界先进国家和地区立法呈现出加强平台主动审查和过滤义务的发展趋势；另一方面，在平台靠内容盈利不断增加，而作者利益不断递减的情况下，平台企业仍采用"避风港原则"来规避侵权责任，并采取直接删除侵权作品的方式继续运营，将侵权监测转移给了新闻作品权利人，将侵权主体嫁接给新闻用户。以欧盟的《数字化单一市场版权指令》为代表的国际立法趋势，使得"避风港规则"式微，因而以"版权过滤"义务为核心、强化平台版权治理责任的呼声纷至沓来。所以，加强平台自身的监管能力，让平台成为新闻内容的监管主体，补充司法、行政、行业组织的治理模式，形成共同参与、多元治理的模式是新闻产业发展的方向。

平台责任问题具有重要性、普遍性，因此具备能力与资源的平台应当主动承担起版权治理责任。目前，相应条款的规定层级较低，分散在不同的法律条文中。在2020年的《著作权法》实施和相关细则的完善中，一方面，要密切关注世界范围内的立法趋势，从平台信息传播的主体位置以盈利的角度增加平台的监管义务，让其不再以"避风港原则"为保护伞，压实其主体责任，增加其内容审查和过滤义务。比如，实践中已经有法院认为，当平台内传播的某一客体的点击量达到一定的量级，应触发平台的审查义务。另一方面，法律义务的设定应当与中国的版权产业发展水平保持一致，充分利用现有制度，比例协调地界定平台的法律责任，实现"技术治理与法律治理二元共治"的目标。在立法之前，应当鼓励平台创新版权治理措施，制订版权治理规则，以提升网络用户参与网络版权治理的积极性。

2021年10月《互联网平台分类分级指南》征求意见稿以及《互联网平台落实主体责任指南》征求意见稿公布，在平台分级指南中明确信息资讯类平台连接的是人与信息，其主要功能包括提供新闻资讯、搜索服务、音视频资讯内容等。包括但不限于以下子平台：（1）新闻门户类。专门或者主要从事提供新闻信息、娱乐资讯等互联网信息资源并提供有关信息服务的平台。（2）搜索引擎类。专门或者主要从事对互联网上采集的信息进行组织和处理后为用户提供检索服务，并将检索的相关信息展示给用户的平台。（3）用户内容生成（UGC）类。专门或者主要从事用户将自己原创内容上传到互联网或者提供给其他用户的平台。（4）视听资讯类。专门或者主要从事广播电台、音频分享等的平台。（5）新闻机构类。专门或者主要从事新闻采集、制作、发布、经营等的平台。《互联网平台落实主体责任指南》征求意见稿中明确了平台内容监管责任，即互联网平台经营者应当根据平台自身的特点，建立有效的内容管理制度，避免违法违规信息在平台上的传播。互联网平台经营者如发现违反法律法规、违背社会公序良俗、对网络生态造成不良影响的信息，应当视情节采取警示、限制发布、停止传输、信息消除、暂停更新直至关闭其账号等措施，并保存有关记录，向监管部门报告。平台应该设置方便快捷的链接，方便用户对平台上涉嫌违法违规的内容进行举报和投诉，及时作出回应并采取必要措施。互联网平台经营者不得通过发布、删除信息，以及其他干预信息呈现的手段侵害他人合法权益或者牟取非法利益。用户有上述行为的，互联网平台经营者应当及时采取相关措施，并向监管部门报告。

2022年3月施行的《互联网信息服务算法推荐管理规定》要求，算法推荐服务提供者应规范开展互联网新闻信息服务，不得生成、合成虚假新闻信息，或者传播非国家规定范围内的单位发布的新闻信息；不得利用算法实施影响网络舆论、规避监督管理以及垄断和不正当竞争的行为。同时，规定算法推荐服务提供者提供互联网新闻信息服务的，应当依法取得互联网新闻信息服务许可,规范开展互联网新闻信息采编发布服务、转载服务和传播平台服务,不得生成、合成虚假新闻信息,不得传播非国家规定范围内的单位发布的新闻信息。

可见,中国对互联网平台的态度也与国际社会保持一致,在压实平台责任上有了新的举措:在新闻作品版权保护上需要立法、行政、行业和平台的多元治理,营造更加清朗的网络空间。

2. 非诉讼解决机制的引入

面对新闻侵权,传统媒体还是会寻求司法诉讼追偿,中国2020年《著作权法》的修改显著增加了侵权赔偿数额,不仅增加了500元的最低法定赔偿金额,并将最高赔偿额由原来的50万元提高为500万元。除了赔偿金额的显著增加外,2020年的《著作权法》还建立了著作权侵权惩罚性赔偿制度,明确了1~5倍惩罚性赔偿数额的规定。所以,《现代快报》4篇稿件获得今日头条侵权赔偿费10万元;《传媒茶话会》的《九寨沟7.0级地震,机器人记者25秒540字配4图!人类记者你颤抖了吗?》等2篇被侵权文章维权(诉中和解)获赔1万多元的高额赔偿案例越来越多,有效地遏制了新闻侵权。

但是,通过诉讼方式维权需要耗费大量成本,不论是在时间上还是精力上,常常权利人通过诉讼维权的结果不及之前投入成本的情况比比皆是,无法在根本上挽回权利主体的损失。而且在新闻作品版权保护方面,有限的司法资源与持续增加的版权纠纷数量之间的矛盾也成为新闻司法维权的屏障。根据司法实践,有的新闻单位就一件新闻作品提起侵权诉讼74例,极大地消耗了司法资源。所以,为保障新闻作品受到有效保护,推进多元化的纠纷解决机制,采用以非诉讼为主的方式解决版权纠纷,既给权利人维权提供了便利,也能从根本上节约司法资源。

　　非诉讼纠纷解决机制指的是用诉讼手段之外的方式解决纠纷。目前，非诉讼纠纷解决机制主要包括谈判、调解、仲裁，以及分化形式的纠纷解决方式方法体系（许可，肖冰，2019）。非诉讼纠纷解决机制具有灵活、简易的特点，可以解决权利人在诉讼过程中付出成本较高的问题。因此，与传统的司法诉讼相比，非诉讼纠纷解决机制不但能够节约解决纠纷时所需的各项成本，也是提升纠纷解决效率的一种方式。非诉讼解决机制是有效提高新闻侵权纠纷的手段和方式，是对司法诉讼的补充。

　　新闻作品版权保护是一个综合性的、系统性的大工程，需要媒体单位、传播平台、行政、司法、立法，以及获取新闻信息的受众共同参与、共同治理，单靠行政部门的执法、司法部门的判例很难达到理想的目标。近年来，版权纠纷案例越来越多，占到知识产权 70% 以上的比例，司法机关面临巨大压力。由于新闻作品版权的侵权数量大、被侵权作品的价值低、侵权责任容易认定等特征，法院经常简化司法流程，力争快速审结案件，这时，引入非诉讼解决机制，可在很大程度上降低司法部门的压力，是对新闻司法诉讼积极的、有益的补充。在非诉讼纠纷机制引入的同时，还可以采取与行政机关、媒体行业联盟的合作与联动，积极引导行业联盟发挥监管作用和宣传教育作用，利用媒体优势积极宣传版权保护的重要性，普及公民的版权法律知识，提高公民的网络素养和版权意识。

5.2　新闻作品版权生态核心层的路径规划

　　中国新闻作品版权生态核心层的良性互动首先是推动媒体融合纵深

发展全媒体的建设，从媒体格局、内容共享和平台搭建几方面进行路径规划。其中，渠道贯通是保障，内容价值是基础，平台建设是路径，它们可以促进版权核心生态要素之间的积极互动和影响。而这三个方面的内容需要着眼于传统媒体的优势资源，立足互联网新的发展，在新的战略高地布好局。

5.2.1　全媒体传播格局的建设

作为新闻作品的重要版权主体和涉及政治、经济、宗教等问题的时事性文章的重要生产者，中国的传统媒体是新闻作品版权生态体系的重要构成要素，其具备的信息传播能力、意见整合能力与社会动员能力是新闻版权生态得以良性运行的重要保障。同时，传统媒体也是新时代中国特色新闻体制下新闻事业发展的主力军，其具备的信息传播能力、意见整合能力与社会动员能力是中国社会主义新闻事业得以顺畅运行的重要保障。提高传统媒体，尤其是传统主流媒体的传播效能亦是做好党的新闻舆论工作、守住新闻舆论阵地、实现新闻媒体社会效益的关键前提。所以，目前传统媒体亟须扭转受众规模缩小、议题设置与舆论引导效果欠佳、经营管理与市场竞争力偏弱等被动局面，主动适应技术革新带来的媒体行业的改变、受众获取新闻渠道的改变，在适应中求突破，达到巩固宣传思想阵地、壮大主流思想舆论的社会责任要求，并逐步适应百年变局下日趋复杂的国际形势，向世界讲好中国故事，提升中国在国际治理中的舆论话语权，乃至推动建立世界信息传播新秩序等重要使命的达成。以此观之，打造新型传统媒体，推进传统媒体现代化，不但是为应对传统媒体生存与发展困境而提出的转型诉求，更是优化新闻作品版权生态、提升国家软实力的战略需要。

习近平总书记提出,"我们要运用信息革命成果,加快构建融为一体、合而为一的全媒体传播格局"①,这为传统媒体的加快发展指明了方向。在战略方向上,"全媒体格局"应是当前新型传统媒体建设的新指向;在业务实践上,以"舆论引导、思想引领、文化传承、服务人民"为目标,新型传统媒体应做到坚守导向要求的"不变"与推进创新的"求变",在坚定不移地坚持积极的、正面的舆论引导和向上的、向善的价值取向的基础上遵循新闻作品的网络传播规律,不断优化主流话语体系,建立全媒体传播格局,持续扩大主流价值影响力版图。近年来,一些中央媒体不断深入发展媒体融合,探索和实践全媒体传播格局的建设工作,实现了从相"加"阶段迈向相"融"阶段的转变。例如,内嵌于《人民日报》客户端的"人民号",推出以后迅速吸引了传统主流媒体、各级党政机关的政务号以及一些以新闻内容为主的头部自媒体的入驻,在很大程度上实现了传统媒体主动与其他同类媒体、自媒体的融合,积极地整合媒体内容与其他社会资源,构建了全媒体传播平台,给传统主流媒体的融合发展起到很好的示范作用。

全媒体传播是大势所趋,在全媒体发展的这盘大棋中,传统媒体要协调好与互联网商业传播平台的关系,扩展时政类新闻作品在商业平台上的传播力和影响力,同时,还要处理好和自媒体之间的关系,引入自媒体的入驻,扩展传播边界,并处理好和党政机关政务平台的关系,力争做到你中有我、我中有你的传播格局,搭建协同发展、特点突出的全媒体传播矩阵,扩展新闻传播渠道。

---

① 习近平总书记在 2019 年 1 月中共中央政治局第十二次集体学习时的讲话。

5.2.2　版权共享主体的扩展

新闻作品版权联盟的内部版权互换，对传统媒体的内容共享给出很好的借鉴。在媒体融合纵深发展中，各级（区县级）融媒体平台和中心建设是重要内容，为了推进区县级融媒体的发展，版权共享是有力的助推器。

在全国宣传思想工作会议和中央全面深化改革委员会第五次会议上，习近平总书记不仅将县级融媒体中心摆在宣传思想工作的重要位置，而且把其纳入推进国家治理体系和治理能力现代化的战略高度。基于习近平总书记的总设计，必须做好两方面工作：一方面，扎实建好区县级融媒体中心，各大传统纸媒、广播电台和电视台整合资源，利用互联网重点发展新媒体，推动媒体集约发展，建设综合信息服务平台，打造集报纸、电视、广播和新媒体于一体的全媒体发展平台，按照"报纸、电视台、广播电台、新闻网客户端融合、全媒体运作"机制，打破原先条块分割模式为统合集中模式，明确报、台、网各具特征的新闻产品，多媒体分发，重塑媒体舆论生态，打通基层宣传思想工作的"最后一公里"。

另一方面，区县级融媒体中心的建设，可以组建全国 2800 多个区县互联互通的时事类、政务类新闻传播体系，这些区县级融媒体之间既可以采取紧密合作，实现"央媒＋市媒＋区媒"的贯通，也可以实现"新闻＋政务＋服务"的工作格局。这些纵向和横向结合的新型传播体系需要新型的版权理念，区县级媒体间应该互联互通，相互助力，以实现版权互换、共享共用，你就是我、我就是你的新格局，进一步展现新型主流媒体的影响力和传播力，为新闻作品版权生态的发展助力。

传统媒体的新型平台建设

传统媒体在与互联网媒体多年的竞争中,始终以新闻作品为争夺点,虽然取得一定的成效,但是面对自媒体的大量增长、新闻信息传播的社交化和场景化趋势,传统媒体仍面临重重困难,因为互联网技术已经彻底改变了公众获取资讯的习惯和方式,他们更加追求个性化信息、场景化信息。

今日头条等新媒体平台以技术创新支撑平台发展,抓住用户需求,获得市场流量,占有大部分网络用户和新闻受众,是其在互联网竞赛中获胜的关键。而党报、党刊、党台、党网等传统媒体只是建立了自己的客户端,以此造船出海,入驻商业平台,构建传播矩阵,力争借船出海,但这种模式本质上还是局限于自己的一亩三分地。造船出海,同比商业机构的客户端,传统媒体客户端的日活用户不足商业机构的1%;借船出海,在商业机构运营的微信公众号中,传统媒体号不足1%。所以,传统媒体在媒体融合过程中,还没有定好位。习近平总书记的全程、全息、全员、全效的"四全媒体"发展理念为中国传统媒体的融合发展指明了方向,要求传统媒体从以往专注于内容生产到全面提升各项技能,以"四全媒体"为目标,打造新型传播平台。

近年来,传统媒体也在积极探索传播平台的建设,其中包括以"中央厨房"为代表的内容型传播平台、以湖北广电"长江云"为典型的政务和社区服务型平台、温州日报报业集团的电商型平台,以及浙江传媒打造的产品型平台(刘千贵,2017)。但是,这些现象级平台仍然存在用户关注度不高、传播力不足等问题。以"学习强国"为例,其连接了各大电台、电视台、各大主流媒体、各级融媒体以及各个行业的客户端,做到了内容产品的多范围、多角度覆盖,受到党员受众的高度评价。"学习强国"的建设为中国建设媒体平台提供了可借鉴的经验，也证明了非商业资本可以实现网上网下全方位、多内容的整合。

传统媒体要想在互联网上掌握制高点，仅凭自己的媒体平台建设或区县级融媒体平台的建设，力量略显不足，需要借助国家的支持，建设和打造类似于"学习强国"的自上而下的综合性媒体平台。在内容全方位的建设过程中，这个新型媒体平台还需从商业平台的发展中借鉴经验，将政务服务、社区服务引入平台，打造"新闻+政务+服务"信息平台，力争成为移动新闻门户、政务门户和服务门户的综合体，为社会公众打造一个内容化、服务化、生态化的平台。这样才能与商业平台的社交化、场景化特色相竞争，并突出平台优势，利用公众对信息获取、政务服务的需求获取用户关注和流量，形成真正意义上的主流媒体平台。

新型媒体平台的搭建在需要统一性和权威性的同时，还需要特色化的发展。传统媒体在自建平台上还可以引入产业理念，发挥自身的媒体影响力，与教育产业、旅游产业、体育产业、电商产业进行跨界融合，打造"媒体+教育""媒体+旅游""媒体+体育""媒体+电商"等多种形式的平台发展模式，赋能新闻传播业与其他产业的共同发展，实现新闻传播业与其他产业的融合。

另外，传统媒体在搭建自己新型传播平台的过程中，还要处理好与互联网商业平台的关系，以时政类新闻内容的生产优势保障在商业平台上的舆论话语权，做到与商业平台合作发展、优势互补，力争构建好在商业平台上的传播生态以及传播与服务融合的生态。目前，商业平台正构建着传播与商业、传播与产业，甚至传播与经济融合发展的生态。而且，互联网新的基础设施正在升级，既扎根消费互联网，又拥抱产业互联网，与实体经济深度融合。待升级完成后，其体系更为强大，那么，构建党媒主导的舆论生态和媒体格局将会更加艰难。因此，传统媒体资源的整合，需要建立动态的调节机制，吸引更多的自媒体主动靠近，多视角唱响主旋律，深耕新闻作品版权生态，靠作品掌握舆论话语权。

和商业平台一样，传统媒体平台的建设过程中也可以引入用户生产内容，以及专业的垂直化内容。例如，澎湃新闻客户端就入驻了大量的专业内容生产者，他们的内容创作对传统媒体的内容是有益的补充，可形成多元化的内容矩阵。

总之，新型传播平台的建设需要渠道、内容、服务、技术的共同驱动，以先进技术为支撑、以优质内容为根本、以渠道贯通为手段、以平台服务为宗旨，实现真正意义上的新型媒体传播平台。

5.2.3 新闻作品法定许可的延伸及限制

新闻传播的快速化和多元化，需要探讨符合经济发展规律的版权授权许可机制。数字经济时代，著作财产权体系的扩张和交易成本呈现扩大趋势，用户对数字内容的利用数量和使用需求愈发不可控，"一刀切"地打压"二次创作"、网络链接等分享行为并非最优解。在新发展阶段，促进版权要素自主有序流动、高效配置，促进版权资源向现实生产力转化，需要探索保障海量创作主体与用户的有效对接，保障作品许可收益的合理分配，并兼顾传播效率的版权运用机制。针对新闻作品法定许可，传统报刊之间的"法定许可"模式、"默示许可"模式在传统媒体和互联网媒体之间产生了壁垒。因此，可以改进"法定许可"模式，加入开放多元的共享协议，以及"相互交换"模式构成的多元新闻作品许可制度体系。同时，针对新闻作品定价，应当建立统一的新闻作品价值评估模式，根据转载量和影响力等市场因素动态调整版权价格，疏通版权变现渠道，构建利益平衡新型补偿机制，寻求合作共赢。

1. 报刊法定许可的局限性

中国版权法律体系中的法定许可是根据《中华人民共和国著作权法》的直接授权，允许使用者可以不经版权人许可直接使用版权人的版权作品，但须向版权权利人支付报酬的版权制度。法定许可制度的确立，一方面，限制了特殊作品版权人的权利；另一方面，是以维护社会公共利益为出发点，在社会公共利益与版权权利人利益之间进行利益平衡和保障的一种方法。一直以来，在传统媒体的新闻传播领域，中国的《著作权法》一直保持报刊的法定许可制度，以促进相关新闻作品的传播。但是，新闻作品在互联网领域的法定许可在中国却经历了确立—取消—确立—取消的曲折发展路径，可见中国对法定许可在互联网的延伸始终是有着巨大争议的。放开报刊互联网的法定许可，有可能进一步弱化传统媒体对新闻的控制能力，大量新闻作品经法定许可后，其报酬获取可能变得更加困难。但是，网络媒体没有法定许可，需要"一对一"的授权许可，并支付报酬，这样会导致传统媒体新闻作品在互联网上的传播受到一定的限制。目前，新闻商业平台对传统媒体的新闻审核成了工作常态，传统媒体的首发信息经常遇到互联网媒体的推送延迟，传统媒体的热点新闻流量有时也会受到限流。

另外，互联网媒体和新闻聚合平台为了转变内容付费转载的局面，创新商业模式，鼓励自媒体内容创作，已经从"新闻搬运工"的角色转变成"自媒体之家"（陈星，2021），通过自媒体大量内容的创作，它们直接避开了新闻作品的版权授权使用以及法定许可等问题。它们采取曲线救国的方式，鼓励自媒体作者基于传统媒体的新闻要素进行新闻评论，或者通过组合加工等方式生产大量的新闻作品。同时，借助互联网发展初期用于网络服务提供商的"避风港原则"免除自己的责任，实现了新一轮快速生长。以"不平等"的方式对待新兴互联网媒体，不适用法定许可，如果以此保护传统媒体，反而会让传统媒体丧失通过法定许可获得的收益。

再者，在互联网环境下，复制粘贴可以一键实现，对作品的修改也是片刻之间。版权是一个综合性权利，作者不仅有复制权、发行权、信息网络传播权等财产权利，还有署名权、发表权、修改权、保护作品完整权四个人身权利。但在法定许可的过程中，权利控制难上加难，一旦有一个媒介对作品进行了修改，删掉了署名，其他媒介再进行转载，原始新闻创作者的权利就更难保障。

报刊之间的法定许可主要适用于传统纸媒，互联网的发展，使新闻传播不再局限于文字表述，图文新闻作品、短视频新闻作品也不在法定许可的范畴内，所以，目前传统媒体之间的法定许可在互联网领域中面临很多局限。

2. 法定许可互联网的延伸及其限制

传统媒体和商业互联网平台的竞争核心是内容的竞争，不仅商业互联网媒体需转载传统媒体的新闻作品，传统媒体也可以引入优质的自媒体作品，以形成内容生态。版权仍然是作者的私权，作者对其版权作品享有占有、使用、处分、收益的权利，但互联网颠覆了很多传统版权保护的方式。同时，享有版权的作者，其对作品的版权态度并不一致，有的权利人期望其版权作品得到最大的传播，有的希望其带来经济利益，所以近年来知识共享协议、开放获取期刊和图书等放弃版权财产权益的权利人和作品处理方式越来越多，但是新闻即时性的特征，又不能和其他知识一样完全适用知识共享，所以可以采取变通的方法。

新闻作品在具有版权属性的同时，还具有公共属性，对其进行最大限度的传播是第一任务，版权保护是附属地位的，这既是中国新闻媒体单位事业属性的原因，也是中国2020年《著作权法》对新闻作品立法的核心要义，即单纯事实消息不受《著作权法》的保护，"时事性文章"属于合理使用的范畴，只有具有独创性的新闻作品才受到《著作权法》的保护。传统媒体和商业媒体平台也开始意识到版权保护不是目的，而是在互联网上建立起更加合理、合作共赢的内容生态链。

所以，与其法律赋予强保护，不如尊重权利人根据新闻作品的性质、内容、重要性等维度做出不同的版权运用和许可方式。全媒体的发展需要采用更加平等、更加互利的方式去解决数量巨大的互联网新闻作品的授权方式与利益分配问题。在媒介融合的发展趋势下，数量庞大的新闻作品生产和多渠道、多场景的去中心化传播方式，使得中国版权法律制度中"授权使用"模式、"法定许可"模式无法有效地满足全媒体信息传播的需求。在传统的报刊"法定许可"模式下，第三方新闻传播平台可以先使用后付费，但是法定许可使用的"时事性文章"的边界不清，版权权利人缺少定价权和议价权；法定许可要求"作品刊登后，除著作权人声明不得转载、摘编的外，其他报刊可以进行转载"，那么没有"禁载声明"的即被视为"默示许可"，这种"默示许可"保障了新闻作品权利人法定许可的解除权，在一定程度上保障了权利人的退出权。但"默示许可"面临一个非常大的问题，就是如果大量的权利人选择退出"默示许可"，那么"法定许可"如同虚设，这都是新闻作品版权生态建设过程中的不确定因素。

互联网的传播是媒体发展的趋势，根据《民法典》规定的平等原则，网络媒体亦属于媒体，在时政类新闻上没有采编权，如果对新闻转载还是强调"先授权后转载",确实会出现自媒体快速发展的情况,所以,为了保障媒体舆论的生态环境,网络平台上应该是主流媒体的声音和内容占主导位置,而不是大量自媒体用户对传统媒体作品进行摘编、复制、加工,合成后以新作品的形式占领新闻领域的制高点和大量的用户。因此,传统媒体要考虑的是作品的传播和不受修改,而不是作品的盈利,传统媒体应当"有舍有放"才会"有所得",即放开一些简单的新闻评论、新闻资讯的版权,深耕"独家深度"和"系列报道"。

3. 法定许可 + 知识共享限制

首先,所有的新闻转载要放开授权许可,改"授权许可"为"法定许可"。但是,如前所述,"法定许可"是先使用后付费,为了避免在使用过程中传统媒体的作品的作者和来源被删除、作品标题和作品内容被篡改等逃避付费的情况发生,可以借鉴知识共享协议进一步明确作品的使用方式,尝试将新闻作品的"法定许可 + 默示许可"模式改为"法定许可 + 知识共享限制"的模式。

媒介融合发展带来的最大挑战就是媒介的开放性和信息获取的多元性,因此需要打造一个高效的、标准化的、综合性的、开放性的新闻版权许可平台,平台可以容纳不同的可供选择的许可协议,以促进新闻作品在不同媒介、不同平台的广泛传播,并在新闻作品权利人与作品传播者利益配置中寻找平衡点。在统一的新闻作品法定许可的基础上,可以借鉴知识共享(Creative Commons)的版权协议。知识共享目前已经得到了广泛的认同和适用,它是一个选择空间比较大的版权协议。知识共享协议中保留了权利人的部分权利,使用者可以清晰地获知版权权利人的权利要求,在使用过程中侵权的可能性明显降低,与此同时,相关作品还可以获得广泛的传播。知识共享协议给创作者提供了不同的权利保障，在版权平台上可以依据自己的主观意愿进行权利保护程度的选择：其一是署名（Attribution，简写为 BY），即权利人要求作品使用者在作品使用和传播的过程中必须给原作者保留署名并注明作品来源；其二是禁止演绎（No Derivative Works，简写为 ND），即使用者不得对原作品进行任何形式的修改，不得基于原作品进行再创作；其三是非商业用途（Noncommercial，简写为 NC），即作品不得被以盈利为目的的商业应用；其四是相同方式共享（Share Alike，简写为 SA），即作品权利人允许作品使用者对原作品进行修改，但是使用者就其修改后的新作品必须是以原作品相同的许可方式。

也就是说，作品权利人可以基于其对作品的保护态度和传播方式确定第三方对作品使用的范围。新闻作品在具有开放性的互联网领域内，也可以借鉴这种许可标准，依据新闻作品权利人的意思表示，在平台上提供各种形式的授权方式，让新闻作品的版权权利人进行选择，形成类似于版权许可合同的规范性标准，减少自由化带来的版权规则的违反。这种方式可以继续搭配成不同的模式（见表9）

表9 新闻作品法定许可＋共享限制模式

许可模式	BY	ND	NC	SA
署名/标注来源	√	/	/	/
署名/标注来源＋禁止修改	√	√	/	/
署名/标注来源＋禁止盈利	√	/	√	/
署名/标注来源＋禁止修改＋禁止盈利	√	√	√	/
署名/标注来源＋禁止盈利＋相同方式许可	√	/	√	√

在这样的模式下，既保证了作品的传播，又最大限度地尊重了新闻作品版权权利人对待作品的态度，有利于版权生态的实现。

4. 法定许可及付费模式

新闻作品版权生态需要放开部分新闻作品的法定许可，走出"版权许可"时代。但是，传统媒体仍然需要对重点新闻进行深度剖析，形成深度报道内容。这部分内容可以设置为付费阅读，并需要获得版权许可以实现其价值。新闻版权走出"免费时代"，这个机会存在于版权生态两端，因为未来的发展在头部，将优质作品和"资讯刚需用户"对接。由于作品众多可能带来的信息稀释，将让内容付费变得不只是媒体的需求，还有用户的需求。

法定许可强调的是作品刊登后，除著作权人声明不得转载、摘编的外，其他报刊可以转载或者作为文摘、资料刊登，但应当按照规定向著作权人支付报酬。所以，新闻传媒业需要考量的是报酬议价、定价机制，并使其切实可行。另外，法定许可也是有"但书保留"的，即"著作权人声明不得转载、摘编的除外"，新闻作品的权利人应该建立内部版权管理机制，确定可以法定许可的新闻作品和非法定许可的新闻作品的范围，并对那些非法定许可的新闻作品采取前置授权或者付费阅读，这将是新闻媒体价值实现的有效途径。

1）法定许可+后置付费

随着传统媒体版权保护意识的觉醒，近几年，传统媒体积极尝试许多新闻作品的版权议价机制，如单篇稿件售卖，《新京报》"独家深度"稿件版权收入一篇是5000元；重庆日报报业集团发现新闻版权价值的重要性，将版权保护作为融媒发展的基础战略，认为如果新闻的版权许可和版权保护得到重视，那么它们每年近万篇的原创性新闻作品带来的版权收入是非常可观的，版权资产和版权价值将成为新闻单位的资产金矿，所以呼吁要探讨一套明确的可量化的新闻作品版权付费机制，明确单篇新闻作品的价格。

可见传统媒体一直在探索新闻作品的版权授权和许可机制，2019年"视觉中国"的"黑洞"照片版权事件后，作品版权更是受到了广泛的关注，人民网号召各级党媒建立版权联动机制，搭建统一的"新闻图片版权交易平台"；2019年7月，人民网投资和研发的一站式版权保护及版权管理平台"人民版权"面世。可见，媒体联盟和版权交易平台都在关注新闻作品的版权保护，致力提高联盟单位和成员单位对新闻作品网络许可转载的定价和议价能力，力争探寻一套合理的新闻作品版权授权价格体系，以实现新闻作品版权市场的有序发展。但是，传统媒体面对移动互联网平台，如果仅以产值论，仍然有巨大的差距。目前，全国所有报刊一年的总盈利只能和今日头条中一个平台的总收入持平，仅仅达到400亿元。那么，原来的议价机制怎么也不符合平台的收入，所以新闻转载付费可以换种思路，不要再采取一揽子协议、打包付费，或者单篇文字付酬等方式，而是采用转发量、点击量、关注度等综合元素进行测算，建立统一的新闻作品价值评估模型。如传统的法定许可的报酬支付是按2014年《使用文字作品报酬支付办法》中规定的原创作品每千字80~300元的标准付酬。但是在全媒体环境下，这种付酬方法显然已经不符合时代的发展，可以再探索新媒体的其他付费标准，如采用基本稿酬加点击量的付酬方式。

2）法定许可保留＋授权许可（付费阅读）

新闻作品的经济属性决定了新闻作品是版权产业的重要部分，如何探索其经济价值的实现、保障创作者的热情、弘扬社会正能量、宣传主流舆论场，是个难题。《财新》是中国为数不多的是实施网络阅读收费的媒体，而这是建立在其优质、独家的内容基础之上的。这是其他多数媒体目前很难做到的。据报道，2016年，《财新》初步尝试新闻付费阅读，读者的反应非常积极，付费市场客观存在，这也坚定了《财新》实现新闻付费的决心。2018年11月，"财新通"上线一年，累计付费的个人用户已经超过20万，而且从续订情况来看，其增长态势很强。

可见，中国新闻市场，付费阅读还是有一定的空间和提升力的。传统媒体担心付费阅读会影响新闻的传播，造成传播焦虑，但是以传播为由放弃版权和盈利又会使媒体失去发展动力。所以，传统媒体应当摒弃旧观念，分层次运营新闻作品版权，对一些重大、有影响力的报道及一些公益性较强的新闻，要采用单纯时事消息的模式，放弃版权，或者进行一些简短的时事评论，以适用法定许可。同时，要做到对重大新闻事件或社会公共事件的深度报道和系列采访，进行付费阅读或者议价许可；用新闻的专业精神打造精品内容，而不是让自媒体用户取代传统媒体的新闻评论；应当让自媒体里有影响力的作者服务于专业媒体，而不是商业平台。

只有在主体位置平等的基础上，充分尊重新闻作品创作主体对其作品的控制和传播意愿，新闻作品才能得以广泛传播，其版权价值才能得以实现，新闻作品的创作者和传播者才能实现利益平衡，从而促进版权生态的实现。

结语

　　法律是用来调整人类之间的社会关系的。如果人类社会关系比较简单，法律规范的指引和示范作用就比较有效，呈现单向度的能或不能某种行为。但是，当社会关系比较复杂，法律的能或不能的单向度指引可能就要受到各种形式的阻碍。新闻传媒业在发展初期，传播形态为线性模式时，版权法律制度的规范性和作用性较强，报刊之间的侵权问题较少，只要严格遵守版权保护和法定许可制度即可。但是，互联网技术对传媒行业的冲击还没退去，人工智能、5G等新技术又接连叩响新闻传媒业的大门，新的产业元素、商业模式、更为激烈的竞争关系，扩大了新闻传媒业的边界，版权主体多元化、信息传播方式多样化、版权使用者隐蔽化等问题不断冲击着传统媒体。传统媒体之间的单向度版权机制被互联网媒体平台、自媒体用户打破，形成了传统媒体新闻作品生产者和传播者的角色分离，互联网媒体商业平台成为新闻作品传播的主阵地，新闻受众也从单一的信息接受者转变为新闻作品的二次传播者，甚至是新闻作品的评论者。他们参与到新闻生产领域，形成了环形的新闻生产、传播、接受环境，因此，传统的单向度版权规制和授权许可模式已不再适用这种多元的新闻生产关系。

面对困境，各国都在积极地寻求和探索对传统媒体的保护路径：欧盟的《数字单一市场指令》赋予新闻出版单位以新型邻接权，要求互联网平台在使用新闻出版单位作品时必须向新闻单位付费；德国施行链接税以补偿网络链接行为对新闻媒体的损失；法国直接采用"三振出局"的方法，坚决制止未经授权的网络链接行为。与此同时，中国的传统媒体也在积极地探索和实践建立自己的两微一端，进行区域融媒体建设，组建全国性的、地方性的新闻作品版权保护联盟，积极展开维权诉讼，但是这些举措治标不治本，在媒体竞赛中并没有扭转局面。所以，单向性的"先授权后使用"的版权许可机制不再适用互联网的发展，传统媒体必须改变思维模式，创新发展理念，将对抗转变为合作，寻求新的发展生机。

生态文明发展理念是工业文明发展的必然阶段，生态理念是各种产业发展的指导性思想和原则，体系构建是生态发展的实现路径，新闻传媒业也应该以系统观审视问题，创新发展，实现良好的新闻传播生态环境。

新闻作品版权生态体系的构建以布朗芬布伦纳的生态系统理论为蓝本，将生态体系划分为外部层、中间层和核心层。新闻体制、新闻版权法律规范、产业结构、技术变革属于生态体系的外部层，这四个要素之间相互影响，在新闻体制的统筹下，技术变革在促进法律制度的修正时，法律制度反作用于技术规范，两者共同影响着产业结构的变化；中间层是外部层要素之间关系的体现，并将外部层的关系向核心层传递，影响着核心层的关系发展；新闻版权主体、新闻版权使用者、许可模式和传播方式等要素被纳入新闻版权生态体系的核心要素。外部层的法律体制决定着版权主体的范围以及版权许可机制,而版权使用者可通过获得版权许可进行新闻作品传播,但是传播方式的变化却影响着许可模式的实践,彼此处在相互促进和相互制约的环境中。

用新闻作品的版权生态体系各层级和各要素之间的关系审视中国新闻传播业的问题可以发现,由于中国特殊的新闻体制,中国新闻传媒业的版权法律制度对传统媒体的保护有所倾斜,赋予了其时政类新闻内容的专业采编权,中国传媒业在互联网、人工智能、5G等技术的加持和影响下,出现了新闻作品版权主体多元化、新闻作品传播多态化、媒体竞争加剧化等一系列变革问题。但是,版权法律制度并没有和技术发展、产业结构变化进行良性互动,针对报刊的法定许可、人工智能创作的新闻作品等问题没有作出及时的、正面的回应,新闻作品版权生态处于非良性发展的局面。

中国的传统媒体担负着舆论导向的社会责任,要想在竞争中发挥优势,需要在立法上进一步明确单纯事实消息的表达形式和时事性文章合理使用的边界,做到法律与技术的良性互动,并将新技术应用在新闻作品版权确权和维权的全过程。另外,新闻作品的版权保护不仅需要立法、行政、司法、行业和平台的多方合力,还可以引入非诉讼的版权纠纷治理模式,形成多元治理、共享共治的外部层生态环境。外部层要素之间积极有效的对接,可形成良性发展的中间层关系,并作用于新闻作品的核心层,激励传统媒体向媒体融合纵深发展,构建全媒体传播格局,继续推进区县级融媒体的建设,搭建融新闻、政务、服务为一体的新型传播平台,畅通新闻作品传播的渠道。利益平衡理念要求保持各方主体的权利平衡,在新闻版权生态核心层中,不能再以单向度的版权许可模式对互联网媒体平台进行权利的限制,而是要以互联网开放、共享的特征为核心构建新的授权许可机制,在将法定许可延伸到互联网的同时，依据知识共享协议的不同模式保护新闻作品的署名权和其他相关权利。同时，要将法定许可的例外条款应用在深度报道和系列采访上，进行付费阅读，多层次地打造新闻作品版权许可机制，在扩大新闻作品的传播力和到达度的同时担负起传统媒体的政治导向和舆论引导的使命。

传统媒体与互联网商业媒体平台不是对立关系，而是中国新闻作品版权生态体系中的关键要素，因此，要改变传统的思维模式，运用互联网思维，彼此变对抗为合作，共生共融，打造良性发展的新闻作品版权生态。

参考文献

一、中文文献

[1] [美] 安德瑞·马默. 法哲学 [M]. 孙海波，王进，译. 北京：北京大学出版社，2014.

[2] 阿里云研究中心. 智能时代的传媒变革与发展 [M]. 北京：阿里云研究中心，2019.

[3] 蔡雯. 新闻传播的变化融合了什么——从美国新闻传播的变化谈起 [J]. 中国记者，2005（9）：74-76.

[4] 蔡雯，王学文. 角度·视野·轨迹——试析有关"媒介融合"的研究 [J]. 国际新闻界，2009(11)：87-91.

[5] 陈绚. 论媒体融合的功能 [J]. 国际新闻界，2006（12）：72-76.

[6] 陈国权. 分化是传媒发展的趋势——"融合论"质疑 [J]. 新闻记者，2010(3)：22-25.

[7] 陈昌凤，杨依军. 意识形态安全与党管媒体原则——中国媒体融合政策之形成与体系建构 [J]. 现代传播（中国传媒大学学报），2015，37(11)：26-33.

[8] 陈杰. 论著作权的正当性 [M]. 北京：知识产权出版社，2016.

[9] 陈欢，张昆. 1978—2013：中国新闻体制的规制与发展[J]. 编辑之友，2015（6）：63-68.

[10] 陈星. 数字时代新闻作品版权规则完善思考[J]. 青年记者，2021（12）：93-94.

[11] 杜鹃. 对中国著作权法"时事新闻"相关规定的解读与重构[D]. 上海：华东政法大学，2012.

[12] [西班牙] 德利娅·利普希克. 著作权与邻接权[M]. 联合国教科文组织，译. 北京：中国对外翻译出版公司，2000.

[13] 邓杰明. 公共图书馆信息网络传播权适用的困境与进路[J]. 国家图书馆学刊，2021，30（3）：13-22.

[14] 邓若义. 论自媒体传播与公共领域的变动[J]. 现代传播，2011（4）：35-37.

[15] [美] 丹尼尔·C.哈林，[意] 保罗·曼奇尼. 比较媒介体制：媒介与政治的三种模式[M]. 陈娟，展江等，译. 北京：中国人民大学出版社，2012.

[16] 范长军. 德国著作权法[M]. 北京：知识产权出版社，2013.

[17] 冯晓青. 知识产权法的价值构造：知识产权法利益平衡机制研究[J]. 中国法学，2007（1）：67-77.

[18] 管洪. 习近平新闻思想与中国媒体融合发展新格局[J]. 中国记者，2018（7）：37-42.

[19] 高红波. 推进媒体深度融合：中国新型主流媒体建设的"顶层设计"[J]. 声屏世界，2017（2）：5-8.

[20] 高兆明. 黑格尔《法哲学原理》导读[M]. 北京：商务印书馆，2010.

[21] 甘惜分. 新闻学大辞典[M]. 郑州：河南人民出版社，1993.

[22] 顾理平. 新闻法学[M]. 北京：中国人民广播电视出版社，2005.

[23] 黄玲，杨少明. 媒体生存危机背景下的版权保护的困境与对策[J]. 现代出版，2018（5）：47-49.

[24] 胡正荣. 世界主要媒体的国际传播战略[M]. 北京：中国传媒大学出版社，2011.

[25] 霍雅婧，杨震震. 传统媒体新闻版权保护可行性探析[J]. 中国报业，2020（24）：26-27.

[26] 惠东坡. 西方国家新闻版权保护的举措与借鉴 [J]. 中国记者，2014（7）：34-36.

[27] [德] 哈贝马斯. 公共领域的结构转型 [M]. 曹卫东，王晓珏，刘北城，宋伟杰，译. 上海：学林出版社，1999.

[28] 今日头条. 2020 内容创作发展趋势报告 [R]. 北京：北京字节跳动科技有限公司，2020.

[29] 今日头条. 2019 今日头条年度数据报告 [R]. 北京：北京字节跳动科技有限公司，2019.

[30] 蒋强. 著作权侵权案件中时事新闻的认定 [J]. 科技与法律，2011（3）：43-47.

[31] 孔洪刚. 平的世界与数字化的边界——浅论新媒介传播环境下的新闻版权保护 [J]. 编辑学刊，2011（2）：49-53.

[32] [美] 卡斯珀·约斯特. 新闻学原理 [M]. 展江，何道宽，译. 北京：中国传媒大学出版社，2013.

[33] 李健臣. 2019 世界 VR 产业大会新闻出版论坛 [C]. 江西，2019.

[34] 李良荣. 网络与新媒体概论（第 2 版）[M]. 北京：高等教育出版社，2019.

[35] 李明德，许超. 著作权法 [M]. 北京：法律出版社，2003.

[36] 李冰，文卫华，谷俊明. 德国数字版权法律制度的发展 [J]. 现代出版，2014（1）：78-80.

[37] 李婷. 新作品类型著作权保护路径——兼评 2020 年《著作权法》第三条 [J]. 中国版权，2021（3）：35-41.

[38] 林爱珺，林嘉琳. 新闻聚合网站的著作权争议评析 [J]. 青年记者，2017（6）：18-19.

[39] 林如鹏，汤景泰. 政治逻辑、技术逻辑与市场逻辑：论习近平的媒体融合发展思想 [J]. 新闻与传播研究，2016，23（11）：5-15，126.

[40] 刘铁光，黄维. 新闻聚合模式发展的制度障碍及其克服——欧盟"链接税"规则修正后的借鉴 [J]. 新闻界，2019（2）：95-100.

[41] 刘海明. 新闻与版权——基于新闻自由角度的考察 [J]. 新闻爱好者，2014（2）：70-74.

[42] 刘颖悟，汪丽. 媒介融合的概念界定与内涵解析 [J]. 传媒，2012（1）：73-75.

[43] 刘海贵, 庹继光. 生存危机中的纸媒著作权维护路径探析 [J]. 复旦学报（社会科学版）, 2015, 57 (2)：111-116.

[44] 刘滢. 谁动了传统媒体的"奶酪"——美国报业与网络媒体的版权之争 [J]. 新闻与写作, 2009 (6)：34-36.

[45] 刘海明. 报纸版权问题研究 [M]. 北京：中国社会科学出版社, 2013.

[46] [德] 雷炳德. 著作权法 [M]. 张恩民译. 北京：法律出版社, 2004.

[47] 卢风等. 生态文明：文明的超越 [M]. 北京：中国科学技术出版社, 2019.

[48] 鲁钇山. 新媒体环境下新闻作品著作权保护刍议——以报纸新闻为视角 [J]. 科技与法律, 2013 (2)：42-47.

[49] 陆定一. 我们对于新闻学的基本观点 [M]. 解放日报, 1943.

[50] 孟兆平. 网络环境中著作权保护体系重构 [M]. 北京：北京大学出版社, 2016.

[51] 宁树藩. 新闻学研究中亟待澄清的几个问题 [J]. 学术界, 1986 (1)：43-48.

[52] 彭桂兵, 吴基祥. 媒介融合背景下对完善《版权法》定许可制度的思考 [J]. 传媒大讲堂, 2019 (5)：18-20.

[53] 彭桂兵. 网络转载许可制度研究：版权生态学与法哲学的视角 [J]. 南京社会科学, 2016 (6)：113-119.

[54] 邱沛篁. 新闻传播百科全书 [M]. 成都：四川人民出版社, 1998.

[55] 宋建武. 新闻版权即新闻获利权——兼论以数据库版权解决新闻版权问题的可能性 [J]. 现代传播, 2017, 39 (11)：106-110.

[56] 宋慧献. 版权生态与版权创新初论 [J]. 知识产权, 2006 (6)：27-32.

[57] 尚恩, 里士满, 贾金玺. 报纸赢得在线内容的版权之争 [J]. 中国报业, 2011 (15)：73.

[58] 孙迪. 新闻作品中单纯事实消息的判定与使用 [J]. 法制与社会, 2021 (17)：191-192.

[59] 孙新强. 论作者权体系的崩溃与重建——以法律现代化为视角 [J]. 清华法学, 2014, 8 (2)：130-145.

[60] 沈正赋. 新媒体时代新闻作品版权的保护与开发 [J]. 新闻战线, 2014 (12)：50-52.

[61][美]唐·C.彭伯.大众传媒法[M].张金玺,赵刚,译.北京:中国人民大学出版社,2005.

[62]唐德华.著作法及配套规定新释新解[M].北京:人民法院出版社,2003.

[63]童兵,陈洵.新闻传播学大辞典[M].北京:中国大百科全书出版社,2014.

[64]滕力.融媒体环境下的新闻作品版权保护[J].中国版权,2018(13):5.

[65]田原,叶文芳.人工智能创作"作品"的著作权保护模式研究[J].科技与出版,2019(12):116-119.

[66]田小军,刘政操.网络视频版权生态维系与多元治理的立体维权[J].中国版权,2014(6):50-55.

[67]王亮,刘阳,张丽.构建移动互联网环境下的版权生态链[J].科技与出版,2015(9):66-69.

[68]王志刚.网络文学作家版权生态探究[J].出版科学,2017,25(2):29-35.

[69]王辉.改革开放40年新闻版权纠纷变迁[J].青年记者,2019(12):83-84.

[70]王迁.网络环境中版权直接侵权的认定[J].东方法学,2009(2):12-21.

[71]王迁.今日头条著作权侵权问题研究[J].中国版权,2014(4):5-10.

[72]王喜涛,李永华.从媒介融合到媒体融合的认知演进及其概念辨析[J].中国传媒科技,2017(4):59-60,79.

[73]王伟光.利益论[M].北京:中国社会科学出版社,2010.

[74]王伟.论新闻作品著作权法律保护的价值与机制研究[J].新闻战线,2017(18):24-25.

[75]魏永征,周丽娜.新闻传播法教程[M].第6版.北京:中国人民大学出版社,2019.

[76]魏永征,王晋.从《今日头条》事件看新闻媒体维权[J].新闻记者,2014(7):40-44.

[77]吴汉东.关于《著作权法》"作品"条款的法教义学解读(上)[J].版权理论与实务,2021(1).

[78]吴汉东.著作权合理使用制度研究[M].第4版.北京:中国人民大学出版社,2020.

[79]许可,肖冰.替代性纠纷解决机制在著作权侵权纠纷中的适用——以著作权集体管理组织为原告的案件为例[J].山东大学学报(哲学社会科学版),

2019（2）：78-85.

[80] 向光富. 论中国著作权法对新闻学中新闻作品的立法保护 [J]. 知识产权，2013（2）：64-68.

[81] 向光富. 论中国新闻作品著作权法调整的认识误区与改进 [J]. 河南财经政法大学学报，2016，31（2）：142-149.

[82] 习近平. 加快推动媒体融合发展 构建全媒体传播格局 [J]. 奋斗，2019（6）：1-5.

[83] 杨保军. 论作为宏观新闻规律的"技术主导律"[J]. 国际新闻界，2019，41(8)：108-134.

[84] 杨保军. 新闻理论教程 [M]. 第 4 版. 北京：中国人民大学出版社，2019.

[85] 杨保军. 论理论新闻学的问题体系 [J]. 编辑之友，2020（2）：5-10.

[86] 杨昕. 保护传统新闻媒体的核心竞争力——推介新闻媒体在线版权保护方案 [J]. 中国传媒科技，2001（3）：39-41.

[87] 杨利华. 公共领域视野下著作权法价值构造研究 [J]. 法学评论，2021，39（4）：117-129.

[88] 叶晓川. 论时事新闻与著作权法保护 [J]. 武汉公安干部学院学报，2012，26（2）：60-63.

[89] 余小林. 搜索引擎是否该为新闻链接支付版权费用？——"谷歌税"挑战搜索引擎生存模式 [J]. 中国电信业，2012（12）：50-51.

[90] 颜晶晶. 报刊出版者权作为邻接权的正当性探析——基于德国《著作权法》第八修正案的思考 [J]. 比较法研究，2015（1）：61-77.

[91] 严三九. 媒体融合过程中传媒体制改革研究 [J]. 新闻记者，2016（12）：4-12.

[92] 叶文芳，李彦，丁一. 中俄新闻记者职务权利比较研究 [J]. 国际新闻界，2013，35（7）：134-141.

[93] 翟真. 新闻作品的版权性分析 [J]. 中国出版，2013（12）：32-36.

[94] 翟真. 新闻作品版权研究 [M]. 北京：知识产权出版社，2015.

[95] 朱鸿军，蒲晓. 2017 年中国新媒体版权保护报告 [J]. 新闻与写作，2018（8）：69-75.

[96] 朱巍. 媒体融合时代新闻作品版权保护新思路 [J]. 前言报告，2017（6）：29-30.

[97] 郑保卫. 新闻理论新编 [M]. 第 2 版. 北京：中国人民大学出版社，2007.

[98] 曾金. 版权侵权：报纸要对网络说"不" [J]. 青年记者，2013（15）：15.

[99] 中国信息通信研究院. 2019 年中国网络版权保护年度报告 [R]. 北京：中国信息通信研究院，2019.

[100] 中国信息通信研究院."十三五"中国网络版权治理白皮书 [R]. 北京：中国信息通信研究院，2021.

[101] 中国互联网络信息中心. 第 47 次中国互联网络发展状况统计报告 [R]. 北京：中国互联网络信息中心，2021.

[102] 字节跳动. 北京字节跳动 2020 企业社会责任报告 [R]. 北京：北京字节跳动科技有限公司，2020.

[103] 张麒麟. 知识付费行业良性版权生态的构建 [J]. 科技与出版，2018（6）：27-31.

[104] 张帆，卫学莉. 刍论新闻的版权保护与立法创新 [J]. 出版广角，2016（14）：67-69.

[105] 张今，田小军. 欧盟著作权法改革与中国借鉴 [J]. 中国出版，2019（6）：61-64.

[106] 张立伟. 媒介融合：犹如带橡皮的铅笔 [J]. 新闻记者，2010（8）：28-32.

[107] 张养志. 版权资源与市场需求 [J]. 现代出版，2017（3）：9-12.

[108] 张学敏. 试论新闻媒体的公共性及其实现途径 [J]. 传播力研究，2017，1（8）：44.

[109] 张贺. 整治网络转载乱象 力挺传统媒体维权 [N]. 人民日报，2014-06-23.

[110] 张养志，叶文芳. 经济学视角的版权内涵与价值 [J]. 科技与出版，2017，（3）：77-82.

[111] 张明. 新闻类职务作品著作权权属制度：制度嬗变与完善路径 [J]. 出版发行研究，2021（4）：64-69.

二、外文文献

[1] Rahimi B. Vahid Online: Post-2009 Iran and the Politics of Citizen Media

Convergence[J]. Social Sciences, 2016, 5(4):

[2] Rowland D. Whose News? Copyright and the Dissemination of News on the Internet[J]. International Review of Law, Computers Technology, 2010, 17(2): 163-174.

[3] Carter L E. Copyright Ownership of Online News: Cultivating a Transformation Ethos in America' s Emerging Statutory Attribution Right[J]. Communication Law and Policy,2011,16(2): 161-195.

[4] Esley Chiou, Catherine Tucker. Copyright, Digitization, and Aggregation[J]. NET Institute Working Paper, 2011: 11-18.

[5] Murschetz. Connected television: Media Convergence, Industry Structure, and Corporate Strategies[J]. Annals of the International Communication Association, 2015, 40(1): 69-93.

[6] Sam Ricketson, Jane C. Ginsburg. International Copyright and NetghbouringRights: The Berne Convention and Beyong[M]. 2nd ed. Oxford University Press, 2006.